Corrispondenza
commerciale & privata

Corrispondenza Francese

Commerciale & Privata

Donatella Giovannini

AVALLARDI

Antonio Vallardi Editore s.u.r.l.
Via Gherardini 10 - 20145 Milano

Prima edizione: 1993

Ristampe: 11 10 9 8 7 6 5 4 3 2
2012 2011 2010 2009 2008

ISBN 978-88-8211-950-8

www.vallardi.it

Finito di stampare nel giugno 2008
da LUINO 1918
Brezzo di Bedero (Va)

CORRISPONDENZA COMMERCIALE & PRIVATA

Affiancata, ma non sostituita, da sistemi di comunicazione più rapidi e moderni (come il telefono, il telex, il fax), la **corrispondenza** conserva un ruolo di primaria importanza.

Negli scambi commerciali, infatti, qualunque comunicazione, accordo o ordine verbale deve essere confermato per iscritto, poiché la corrispondenza costituisce l'unica prova giuridica irrefutabile.

Anche numerose altre circostanze, di tipo formale o informale, della vita di relazione richiedono un contatto epistolare.

Con questi manuali di corrispondenza, pensati per un uso pratico e una rapida consultazione, intendiamo fornire un supporto utile a quanti, in un ufficio, si occupano di contatti con paesi stranieri e hanno la necessità di esprimersi per iscritto in una determinata lingua, in modo chiaro ed efficace.

Per quanto riguarda le altre forme di comunicazione scritta di messaggi urgenti, il **telefax** non pone particolari problemi di redazione, essendo solo un mezzo di trasmissione di documenti; il **telex**, invece, ha un linguaggio proprio, che – come illustreremo nel relativo capitolo – deve rispondere a precisi requisiti di concisione.

Per raggiungere il suo scopo, ogni comunicazione scritta deve rispettare quella che i francesi chiamano la regola delle 4 C: deve cioè essere chiara, concisa, cortese, corretta.
In francese, come in italiano, la corrispondenza commerciale utilizza formule standard e frasi fatte, lasciando ben poco spazio all'improvvisazione e all'inventiva personale. Di qui l'importanza di avere a disposizione un repertorio delle espressioni usate dai francesi nella pratica quotidiana per risolvere le più comuni esigenze comunicative, senza cadere nella trappola di redazioni grammaticalmente corrette, ma non reali.
La fraseologia commerciale si è comunque semplificata negli ultimi anni, perché anche i francesi, tendenzialmente conservatori e formalisti, hanno cominciato a modificare le loro abitudini epistolari, rinunciando ad ampollosità, frasi stereotipate, periodi lunghi e complessi che appesantivano inutilmente le loro lettere, per renderle più essenziali.
Questo manuale di corrispondenza francese – che contiene circa **160 esempi di lettere**, in gran parte autentiche – è formato da due parti: la prima, più ampia, è relativa alla *corrispondenza commerciale*, mentre la seconda è dedicata alla *corrispondenza privata*.
All'inizio di ciascuna delle due sezioni viene presentato uno **schema** che mette in evidenza quali sono le parti costitutive fondamentali di una lettera-tipo. Ogni singola parte viene poi trattata in modo approfondito e analitico, anche con l'aiuto di esempi.
In entrambe le sezioni, il colore *blu* mette in risalto con efficacia le frasi o le espressioni francesi di cui si vuole sottolineare l'importanza in un precisato contesto, mentre il **nero** serve a far risaltare con altrettanta immediatezza le corrispondenti espressioni italiane.

Corrispondenza commerciale

La sezione dedicata alla corrispondenza commerciale è suddivisa in 13 capitoli, ciascuno dei quali prende in considerazione uno dei momenti fondamentali dei rapporti d'affari e le lettere relative.

La descrizione di ogni tipo di lettera prevede:
– uno *schema del contenuto*, diviso per punti contrassegnati da lettere (**A B C D** ecc.)
– alcune *lettere d'esempio francesi*, in cui le frasi o le parti di frasi che esprimono i punti dello schema sono evidenziate, oltre che con il colore *blu*, anche con le lettere corrispondenti (**A**), (**B**) ecc.
– la *traduzione italiana*, subito dopo ogni lettera d'esempio, in cui con il colore **nero** vengono messe in risalto le espressioni corrispondenti al testo francese
– un capitoletto intitolato *Altre formule*, in cui vengono proposte possibili alternative per esprimere i punti elencati nello schema.

In chiusura di ogni capitolo compare una sezione intitolata *Termini utili*, contenente i vocaboli più comuni relativi all'argomento trattato.

Corrispondenza privata

All'interno della sezione dedicata alla corrispondenza privata, ogni capitolo tratta una particolare occasione, formale o informale, in cui può essere necessario inviare un messaggio scritto.
Questo tipo di corrispondenza, che è meno rigida nell'impostazione e nella scelta del linguaggio e lascia più ampio spazio alla libera espressione personale, non può essere ridotta in schemi prefissati.
Per questo, ogni tipo di lettera o messaggio trattato prevede più semplicemente:
– un *elenco degli elementi costitutivi*
– alcune *lettere d'esempio in francese*, seguiti dalla *traduzione italiana*.
In chiusura di ogni capitolo compare anche qui la sezione *Termini utili*.

Corrispondenza commerciale

IMPOSTAZIONE DI UNA LETTERA COMMERCIALE

- L'impostazione delle lettere commerciali in Francia risponde a norme precise stabilite dall'*AFNOR* (*Association Française de Normalisation*): sono obbligatorie per gli uffici pubblici e raccomandate alle aziende private; riguardano il formato della carta e della busta, la disposizione dell'intestazione e del testo.

- La presentazione dattilografica della lettera può essere:
  - *à la française* (a rientrare): tradizionale, con i capoversi di ogni paragrafo rientrati di 5 o 10 spazi rispetto al margine sinistro
  - *à l'américaine* (a blocchi): moderna e sempre più diffusa, con tutti i capoversi allineati al margine sinistro del foglio.

- Si scrive di solito con l'interlinea 1, mentre con l'interlinea 2 si separano i paragrafi l'uno dall'altro: una pagina ariosa è più chiara e più leggibile.

- Le parti di cui si compone, generalmente, una lettera commerciale sono: **intestazione, indirizzo del destinatario, riferimenti, oggetto, data, testo della lettera, firma**.

FOUQUET — **Intestazione**
S.A. au capital de 150 000 €
56, rue Victor-Hugo
45000 Orléans

Assurance X
3, bd Haussmann
Destinatario — *75009 PARIS*

Vos réf. RT/AF — **Riferimenti**
Nos réf. PJ/BN

Objet: demande d'assurance — **Oggetto**

Data — *Orléans, le 5 mai 1993*

Messieurs, — **Formula iniziale**

Nous vous remercions de votre lettre du 26 avril et nous vous prions de bien vouloir assurer pour notre compte et contre tous risques l'envoi en question, à savoir:

– *10 caisses de parfums, d'un poids total de 400 kg, d'une valeur de 6 000,00 €, à destination de Milan.*

Nous restons dans l'attente de la note de frais, qui sera réglée aux conditions habituelles, et vous renvoyons ci-joint une copie de la police d'assurance signée.

Testo

Veuillez agréer, Messieurs, nos meilleures salutations. — **Formula di chiusura**

Le directeur
Paul Joli — **Firma**

P.J.: 1 copie police — **Allegati**

FOUQUET S.A.
56, rue Victor-Hugo
45000 Orléans

Spettabile Ditta
ASSURANCE X
3, bd Haussmann
75009 PARIGI

Vs. rif. RT/AF
Ns. rif. PJ/BN   Orléans, 5 maggio 1993

Oggetto: richiesta di assicurazione

Egregi Signori,

Vi ringraziamo della Vs. lettera del 26 aprile e Vi preghiamo di voler assicurare per nostro conto e contro ogni rischio la spedizione in questione, e cioè:

– 10 casse di profumi del peso totale di 400 kg, per un valore di 6 000,00 €, a destinazione di Milano.

Restiamo in attesa della nota spese relativa, che provvederemo a saldare alle condizioni abituali e Vi rispediamo in allegato una copia della polizza di assicurazione firmata.

Vogliate gradire i nostri migliori saluti.

Il Direttore
Paul Joli

Allegati: 1 copia polizza

INTESTAZIONE

- La carta da lettera è normalmente intestata e l'intestazione è prestampata, posta in alto, spesso al centro:

Lemaire & Cie
S.A. au capital de 250 000 €
40, rue Boucher de Perthes
59100 Roubaix

RCS Roubaix B 475 581 047
S.I.R.E.T. 475 581 047 00010

Alcune informazioni sono obbligatorie:

- ragione sociale, cioè il nome esatto della ditta, eventualmente accompagnato da altre indicazioni:

Ets Jourdan & Cie (*Compagnie*) — **Ditta Jourdan & Soci**

Société Dubois Frères — **Ditta Fratelli Dubois**

- forma giuridica, con ammontare del capitale sociale, espressa dalle sigle:

S.A. (Société Anonyme) — **S.p.A.**
S.A.R.L. (Société à Responsabilité Limitée) — **S.r.l.**

Richard Systèmes — **Richard Systèmes S.p.A.**
S.A. au capital de 200 000,00 € — **Capitale sociale 200 000,00 €**

- indirizzo completo di numero, via, codice postale, città

- luogo e numero di registrazione al *RCS* (*Registre du Commerce et des Sociétés*); quest'ultimo è costituito da una lettera dell'alfabeto (*A* = ditta individuale; *B* = società; *C* = *G.I.E.*, cioè *Groupement d'Intérêt Economique*; *D* = società semplice), seguita da un numero di 9 cifre:

RCS Paris B 289 512 892

- numero di identificazione della ditta attribuito dall'*I.N.S.E.E.* (*Institut National de la Statistique et des Etudes Economiques*). Può essere:
  - numero *S.I.R.E.N.* (*Système Informatique pour le Répertoire des Entreprises*) e cioè le stesse 9 cifre del *RCS*
  - numero *S.I.R.E.T.* (*Système Informatique pour le Répertoire des Etablissements*), per le aziende che possiedono più di uno stabilimento e cioè le stesse 9 cifre più 5 supplementari.

Altre informazioni, benché frequenti, sono solo facoltative:

- numero della casella postale (*Boîte Postale* = *BP*)
- numero *CEDEX* (*Courrier d'Entreprise à Distribution Exceptionnelle*), un servizio simile a quello della casella postale
- numero di telefono, di fax (*télécopie*), di telex
- numero del conto corrente bancario o postale (*CCB*, *CCP*)
- codice *APE* (*Activité Principale Exercée*), attribuito dall'*I.N.S.E.E.* secondo l'attività della ditta

BP 237 59054 Roubaix Cedex 1
Tél. 20367891
Télécopie 20794198
Télex 820243 PRESLEM
CCP Lille 2 027 23 X
Code APE 5914

DESTINATARIO

- È scritto in alto a destra e comprende il nome e l'indirizzo completo della persona o dell'azienda a cui la lettera è inviata.

- Se il destinatario è una persona, si scrivono il suo nome e cognome preceduti da *Monsieur*, *Madame*, *Mademoiselle*, mai abbreviati né preceduti da aggettivo; non esistono infatti i corrispondenti di ''gentile'' o di ''egregio'':

Monsieur Raoul Gautron	**Egregio Signor**
2, place de la Fontaine	**Raoul Gautron**
F 13100 Aix-en-Provence	

- Se è un ditta, si può far precedere il suo nome da *Société*, *Maison* o *Etablissements*, senza alcun aggettivo (il corrispondente dell'italiano ''spettabile'' non esiste):

Société Serlabo S.A.	**Spettabile Ditta**
17, rue Saint-Gilles	**Serlabo SA**
F 75003 Paris	

  - se si scrive a un ufficio in particolare, si può precisare:

Société Atlas	Spettabile Ditta Atlas
Service du Personnel	**Ufficio del Personale**
3, avenue Georges-V	
F 84000 Avignon	

  - se ci si rivolge a una persona in particolare, si può aggiungere il suo nome e il titolo eventualmente preceduto da *à l'attention de Monsieur...*

A l'attention de Monsieur Richard	
Monsieur le Directeur	
de l'Hôtel Sirène	**All'attenzione del Sig. Richard**
7, rue de la Marée	**Egregio Signor Direttore**
F 29132 Quimper	dell'Hôtel Sirène

! Nell'indirizzo si mette prima il numero, seguito dalla virgola, poi il nome della via preceduto dalle parole, sempre minuscole:

rue		**Via**
boulevard	*(Bd)*	**Viale**
avenue	*(Av.)*	**Corso**
place	*(Pl.)*	**Piazza**

! Il codice postale si compone di 5 cifre, di cui le prime due indicano il dipartimento e deve precedere il nome della città, insieme alla lettera F per Francia, se si scrive dall'estero.

RIFERIMENTI

- Posti in alto a sinistra, sono delle iniziali maiuscole e permettono di identificare chi ha dettato e chi ha scritto la lettera, e il numero di codice della pratica.

- *Vos réf.* o *V/réf.* DG/RT/21 indica i riferimenti usati dal nostro corrispondente nella lettera precedente. Si lascia in bianco quando non si tratta di una risposta a un'altra lettera.

- *Nos réf.* o *N/réf.* AF/MP/304 indica i riferimenti della lettera che stiamo scrivendo (Alain Frérot ne è il responsabile e Marguerite Petit, la dattilografa).

OGGETTO

- Si trova sotto i riferimenti e indica in modo conciso lo scopo della lettera:

  Objet: envoi de documentation
  Oggetto: invio di documentazione

  Objet: demande d'offre
  Oggetto: richiesta di offerta

DATA

- Posta a destra, appena sotto l'oggetto, si scrive in questa sequenza: nome della città, virgola, articolo *le*, giorno, mese in parola e minuscolo, infine anno:

Milan, le 10 mai 1993	**Milano, 10 maggio 1993**

TESTO

- Si compone di:
  - **formula iniziale**
  - **testo vero e proprio**
  - **formula di chiusura**
- Per le regole d'impostazione dattilografica si veda pag. 11.

Formula iniziale

- La cosiddetta *appellation* apre, d'obbligo, la lettera; viene spesso omessa in italiano e deve essere integralmente ripetuta nella formula di saluto finale. Si esprime in vari modi:
  - rivolgendosi a una ditta in generale, si dirà

Messieurs,	**Egregi Signori / Spettabile Ditta**

  - rivolgendosi a una persona fisica

Monsieur,	**Egregio Signore,**
Madame,	**Gentile Signora,**
Mademoiselle,	**Gentile Signorina,**

senza indicarne il cognome

  - se si conosce il titolo della persona

Monsieur le Directeur,	**Egregio Signor Direttore,**

  - se si tratta di un cliente abituale col quale si hanno rapporti cordiali

Cher Monsieur, *Monsieur et Cher Client,*	**Caro Signor Rossi,**

! *Monsieur*, *Madame* e *Mademoiselle* possono essere abbreviati in *M.*, *Mme*, *Mlle* solo nel corso della lettera e se sono seguiti dal cognome. Vanno invece sempre scritti per esteso nelle formule di apertura e chiusura.

! Nel corso della lettera, i pronomi e gli aggettivi: *vous*, *votre*, *vos* ecc., contrariamente all'italiano, si scrivono sempre minuscoli.

Testo vero e proprio

- È costituito da tre parti, logicamente e strettamente collegate fra loro. Esse sono:
  - l'introduzione (che può essere un riferimento alla corrispondenza precedente)
  - lo svolgimento
  - la conclusione
- Ricordiamo che fra un paragrafo e l'altro si lasciano normalmente due righe (per ragioni di spazio, però, gli esempi di lettera presentati nel volume sono stati generalmente composti con interlinea normale).

Formula di chiusura

- La *formule de politesse* finale è variabilissima e dipende dalla posizione dei due corrispondenti e dai loro rapporti. Ecco le più frequenti formule di saluto rivolte:
  - a un fornitore

Agréez/Veuillez agréer/Nos vous prions d'agréer, Monsieur, nos salutations distinguées/nos meilleures salutations.

Agréez, Monsieur, l'assurance de notre parfaite considération.

Nous vous prions de croire, Monsieur, à l'assurance de nos sentiments distingués.

- a un cliente

Agréez/Nous vous prions d'agréer, Monsieur, l'expression de nos sentiments dévoués.

- da inferiore a superiore gerarchicamente, o a una donna

Nous vous prions d'agréer, Monsieur/Madame, l'expression de notre profond respect.

- Nella pratica, le espressioni più usate restano:

Nous vous prions d'agréer, Monsieur, nos salutations distinguées/nos meilleures salutations.

! In italiano le formule di saluto corrispondenti sono meno numerose e fra loro intercambiabili senza eccessiva rigidità:

Distinti saluti.
Gradite / Vi porgiamo / Vogliate gradire i nostri migliori / più distinti / cordiali / sinceri saluti.

- A queste formule francesi, già semplificate rispetto ai formalismi di alcuni anni fa, la corrispondenza moderna ne affianca altre più sobrie, ispirate alla concisione dell'inglese e del tedesco, sempre più usate fra ditte che intrattengono relazioni continuative:

Amicalement vôtre.
Bien cordialement.
Cordialement.
Meilleures salutations.
Respectueusement.
Vos dévouées.
Sincèrement.

- È anche possibile e comodo intercalare ai saluti ringraziamenti o scuse, senza appesantire la frase:

Recevez, Monsieur, avec mes remerciements anticipés, mes sincères salutations.	**Vi ringraziamo anticipatamente e porgiamo i nostri più distinti saluti.**

Acceptez, Monsieur, avec toutes nos excuses, nos salutations distinguées.	**Vi preghiamo di scusarci e porgiamo i nostri migliori saluti.**

FIRMA

- Conclude la lettera e si trova in basso a destra. È scritta a mano e sotto a macchina, eventualmente accompagnata dal titolo di chi firma:

Le chef du service des Ventes	
Louis Colombier	**Il Capo Ufficio Vendite**

- È preceduta dalle lettere *P.O.* (*Par Ordre*), se chi firma è stato incaricato di scrivere la lettera dal responsabile assente; dalle lettere *P.P.* (*Par procuration*), se chi firma ha la delega a firmare.

ALLEGATI

- Si elencano alla fine della lettera a sinistra, preceduti dalle iniziali *P.J.* (*Pièces Jointes*) o dalla parola *Annexes*, precisandone il numero e la natura:

P.J.: 1 catalogue	**Allegati: 1 catalogo**
1 tarif	**1 listino prezzi**

TELEX

Il linguaggio utilizzato nei telex, dove la tariffa è a tempo, è particolarmente conciso. Il testo si compone di frasi principali formulate in una lingua semplice ed essenziale. Secondo le circostanze e le abitudini aziendali, diventa addirittura telegrafico sopprimendo tutto ciò che non sia indispensabile alla comprensione del messaggio (articoli, preposizioni, pronomi personali) e usando anche abbreviazioni.
I formalismi dell'*appellation* e della formula finale mancano o sono ridotti all'essenziale.

ATTN M. ARAGON
TLX 198
BONJOUR. ICI TECHNICS RENNES.
VS AVONS ENVOYE CE JOUR CHEQUE BNP DE 9 000,00 € EN REGLEMENT VOTRE FACTURE N. 1765. PRIERE NS DONNER AVIS DE BONNE RECEPTION.
MEILLEURES SALUTATIONS.
ANDRE FERNEZ

ATT.NE SIG. ARAGON
TLX. 198
BUONGIORNO. QUI TECHNICS RENNES.
VI ABBIAMO SPEDITO OGGI ASSEGNO BNP DI 9 000,00 € A SALDO VS. FATTURA N. 1765. ATTENDIAMO CENNO DI RISCONTRO.
SALUTI.
ANDRE FERNEZ

TLX 3201
CONFIRMONS AVOIR EXPEDIE LE 31/10 PAR AVION ART 1027. VOL AF322 PARIS/LONDRES DEPART 10.45 LTA N. 789226753. PRIERE CONTACTER TRANSEXPRESS A L'AEROPORT.
MERCI. SLTS
M. DEVILLE

TLX. 3201
CONFERMIAMO SPEDIZIONE IL 31/10 ART. 1027. VOLO AF322 PARIGI/LONDRA. PARTENZA 10.45 AWB N. 789226753. PREGHIERA CONTATTARE TRANSEXPRESS ALL'AEROPORTO.
GRAZIE. SALUTI.
M. DEVILLE

TLX 590
EN REPONSE VOTRE TELEX 183 NOUS VOUS INFORMONS QUE 1000 ECRANS REF. 489TR VOUS ONT ETE EXPEDIES LE 4 COURANT PAR TRANSPORT ATLAS.
TOUTES NOS EXCUSES.
SENTIMENTS DEVOUES.
ALFRED ROUBIN

TLX. 590
IN RISPOSTA VOSTRO TELEX 183 VI INFORMIAMO CHE 1000 SCHERMI REF. 489TR VI SONO STATI SPEDITI IL 7 C.M. CON I TRASPORTI ATLAS.
VI PREGHIAMO DI SCUSARCI.
DISTINTI SALUTI.
ALFRED ROUBIN

Le abbreviazioni più frequenti sono:

ART article	**articolo**
AUJ aujourd'hui	**oggi**
ATTN attention	**attenzione**
BCP beaucoup	**molto**
CA chiffre d'affaires	**fatturato**
C/C compte courant	**conto corrente**
CDE commande	**ordine**
CFM confirmez	**confermate**
CLT client	**cliente**

CTGUE catalogue	**catalogo**
DEP département	**dipartimento**
EE faute	**errore**
ETS établissements	**ditta**
EXP expéditeur	**mittente**
FACT facture	**fattura**
FNR fournisseur	**fornitore**
FRF franc français	**franco francese**
MOM attendre un moment	**attendere un momento**
NS nous	**noi**
N/ notre, nos	**il nostro, i nostri**
R reçu	**ricevuto**
RGT règlement	**pagamento**
RPT répéter	**ripetere**
RV rendez-vous	**appuntamento**
SLTS salutations	**saluti**
STE société	**ditta**
SVP s'il vous plaît	**per favore**
TEXT textile	**tessile**
TT tout	**tutto**
URGT urgent	**urgente**
VS vous	**Voi, Lei**
V/ votre, vos	**il Vostro, i Vostri; il Suo, i Suoi**
Z.I. zone industrielle	**zona industriale**

RICHIESTA

Può rappresentare la prima fase di una transazione commerciale. L'acquirente, interessato a un certo prodotto o servizio, si rivolge direttamente al possibile fornitore per avere informazioni su:

- attività e produzione
- prezzi
- condizioni di vendita
- documentazione: cataloghi, listini, campioni

La lettera sarà impostata secondo lo schema seguente:

A fonte del nominativo della ditta a cui si scrive
B presentazione della propria ditta
C motivo della lettera
D richiesta di informazioni e/o documentazione
E promessa di eventuali ordini
F ringraziamenti

Objet: demande de documentation
Messieurs,
Nous avons lu votre texte publicitaire paru dans "Maison et Travaux" du 14 mai (**A**).
Notre Centre Commercial, l'un des principaux dans notre région (**B**), *serait intéressé par les lampes et lustres de votre production* (**C**).
Nous vous serions obligés de bien vouloir nous envoyer dans les plus brefs délais votre dernier catalogue ainsi que votre tarif (**D**).
Dans l'espoir de pouvoir vous passer bientôt d'importantes commandes (**E**), *nous vous remercions d'avance* (**F**) *et vous prions d'agréer, Messieurs, nos meilleures salutations.*

Oggetto: richiesta di documentazione
Gentili Signori,
abbiamo preso visione del Vostro testo pubblicitario apparso sul numero del 14 maggio **di** "Maison et Travaux".
Il nostro Centro Commerciale, uno dei principali della regione, sarebbe interessato alle lampade e ai lampadari **di Vostra produzione.**
Vi saremmo grati se voleste inviarci con cortese sollecitudine il catalogo e il listino prezzi dei Vostri articoli.
Con la speranza di poterVi inviare presto degli ordini consistenti, Vi ringraziamo anticipatamente e porgiamo con l'occasione i nostri migliori saluti.

Objet: demande d'offre
Messieurs,
Devant à la demande accrue de notre clientèle, nous nous trouvons dans l'obligation de rechercher de nouveaux fournisseurs de tissus destinés à la confection de chemises et de chemisiers (**C**).
Nous avons visité votre stand au dernier Salon du Textile de Lyon (**A**) *et nous vous serions reconnaissants de bien vouloir nous adresser au plus tôt des échantillons de vos nouveaux tissus ainsi que votre dernier tarif avec vos conditions de livraison et de paiement habituelles* (**D**).
Sans engagement de notre part il serait dans nos intentions de vous faire parvenir de façon suivie des commandes importantes, si votre offre se révélait réellement avantageuse (**E**).
Nous espérons qu'il vous sera possible de nous soumettre sous peu, des offres intéressantes.
Avec nos remerciements (**F**), *nous vous prions d'agréer, Messieurs, nos sincères salutations.*

Oggetto: richiesta d'offerta
Gentili Signori,
per far fronte alla crescente richiesta della nostra clientela, siamo alla ricerca di nuovi fornitori di tes-

suti per la confezione di camicie e camicette.
Abbiamo visitato il Vostro stand all'ultimo Salon du Textile a Lione e **Vi saremmo grati se vorreste inviarci al più presto qualche campione dei** Vostri nuovi tessuti **e il Vostro ultimo listino prezzi, con le condizioni di consegna e di pagamento che praticate abitualmente.**
Senza alcun impegno da parte nostra, **avremmo intenzione di passarVi in futuro con regolarità ordini consistenti,** se la Vostra offerta dovesse risultare veramente vantaggiosa.
Speriamo che potrete sottoporci, a breve, proposte interessanti e, **ringraziandoVi in anticipo,** distintamente Vi salutiamo.

Messieurs,
Votre Maison nous a été recommandée par Monsieur Raoul Bengana, Directeur de la Société I.C.P. de Yaoundé (**A**).
Nous importons de plusieurs pays européens du matériel de télécommunications (**B**) *et nous serions heureux d'entrer en relations commerciales avec vous* (**C**).
Plusieurs formules de collaboration pourraient être envisagées, de la simple représentation pour les marchés importants à l'achat direct par nos soins, dans le cas de commandes plus modestes.
Veuillez nous faire parvenir votre catalogue ainsi que vos tarifs, en précisant vos conditions habituelles de livraison et de paiement (**D**).
Dans l'attente de vous lire, nous vous prions d'agréer, Messieurs, l'assurance de notre parfaite considération.

Egregi Signori,
la Vostra ditta ci è stata segnalata dal Signor Raoul Bengana, direttore della società I.C.P. di Yaoundé.
Siamo importatori di materiale per le telecomunicazioni da alcuni paesi europei e **saremmo lieti di allacciare relazioni commerciali con Voi.**

Siamo disponibili a diverse forme di collaborazione, che potrebbero andare dalla rappresentanza per gli affari importanti, all'acquisto diretto a nostra cura per gli ordini minori.
Vi preghiamo di volerci inviare il Vs. catalogo e listino prezzi, di precisare inoltre le condizioni di consegna e pagamento da Voi abitualmente praticate.
Nell'attesa, vogliate gradire i nostri più distinti saluti.

APPEL D'OFFRE

A volte l'acquirente invia la stessa richiesta, sotto forma di circolare, a più di una ditta, per aver modo di confrontare le diverse offerte e scegliere la più conveniente. La richiesta si chiama in questo caso *appel d'offre*.

Objet: appel d'offre
Messieurs,
Nous sommes redevables de votre adresse à la Chambre de Commerce de Paris (**A**).
Ayant l'intention d'élargir la gamme de produits dont nous assurons la distribution (**B**), *nous aimerions entrer en rapport avec des firmes produisant des conserves de légumes et qui désireraient les exporter en Italie* (**C**).
Nous vous prions de bien vouloir nous faire parvenir quelques échantillons de votre production ainsi que vos meilleures conditions de vente (**D**).
Si la qualité de vos articles répond aux exigences de nos clients, vous pourrez compter sur des commandes régulières de notre part, d'au moins 10 000 boîtes par saison (**E**).
Nous vous remercions par avance (**F**) *et nous vous prions de croire, Messieurs, à l'assurance de nos sentiments distingués.*

Oggetto: richiesta d'offerta
Spettabile Ditta,
abbiamo avuto il Vostro indirizzo dalla Camera di Commercio di Parigi.
Abbiamo intenzione di allargare la gamma dei pro-

dotti di cui siamo distributori e **gradiremmo entrare in contatto con aziende produttrici di** conserve di verdure interessate all'esportazione in Italia.
Vi preghiamo di inviarci qualche campione dei Vostri prodotti con le Vostre migliori condizioni di vendita e, se la loro qualità soddisferà le richieste della nostra clientela, **siamo pronti a conferirVi ordini regolari,** per un ammontare minimo di 10 000 scatole per stagione.
Vi ringraziamo in anticipo e distintamente Vi salutiamo.

Altre formule

A

• *Nous avons appris par Monsieur Georges Dulac que vous venez de lancer sur le marché...*	Abbiamo appreso dal Signor Georges Dulac che avete appena lanciato sul mercato...
• *Nous avons lu votre adresse dans la revue...*	Abbiamo letto il Vostro indirizzo sulla rivista...

B

• *Nous sommes, ici à..., le distributeur le plus important de...*	Siamo il più importante distributore di... qui a...
• *Nous sommes une société solidement implantée à...*	La nostra ditta, solidamente installata a...
• *Notre société à l'heure actuelle est en pleine expansion*	La nostra ditta sta vivendo un momento di forte espansione

C

• *Etant donné que nous avons prévu l'ouverture de plusieurs succursales...*	Dato che abbiamo previsto l'apertura di diverse succursali
• *Afin de compléter (réapprovisionner) nos stocks en...*	Allo scopo di rinnovare le nostre scorte di...

• *Nous avons l'intention de nous spécialiser dans la vente de...*	Abbiamo intenzione di specializzarci nella vendita di...

D

• *Vous nous obligeriez en nous adressant votre catalogue ainsi que votre tarif*	Vi saremmo obbligati se vorreste inviarci il Vs. catalogo e listino prezzi
• *Nous aimerions recevoir une documentation complète sur...*	Gradiremmo ricevere una documentazione completa su...
• *Veuillez nous préciser également vos meilleures conditions de vente*	Vogliate inoltre indicarci le Vs. migliori condizioni di vendita

E

• *Si vos conditions nous conviennent, nous envisageons de vous faire passer des commandes importantes*	Se le Vs. condizioni saranno di nostro gradimento, prevediamo di passarVi ordini consistenti
• *Nous espérons que vous tiendrez compte de l'importance de nos futures commandes et que vous nous consentirez des conditions très avantageuses*	Speriamo che terrete conto dell'entità degli ordini che prevediamo di passarVi e che ci concederete le condizioni più vantaggiose

F

• *Vous en remerciant par avance...*	RingraziandoVi in anticipo...

TERMINI UTILI

andar bene, essere di gradimento	*convenir*
aver ricevuto un indirizzo da...	*être redevable d'une adresse à...*
il campione	*l'échantillon*
le condizioni di consegna e di pagamento	*les conditions de livraison et de paiement*
il distributore	*le distributeur*
la documentazione	*la documentation*
entrare in contatto	*entrer en rapport*
entrare in rapporti commerciali	*entrer en relations commerciales*
essere interessato a	*être intéressé par*
essere pubblicato su	*paraître dans*
far pervenire	*faire parvenir*
il fornitore	*le fournisseur*
inviare	*adresser*
il listino prezzi/il tariffario	*le tarif*
l'offerta	*l'offre*
un'offerta interessante	*une offre avantageuse*
l'ordine	*la commande*
un ordine consistente	*une commande importante*
passare, conferire un ordine	*passer une commande*
praticare/concedere delle condizioni	*accorder, offrir des conditions*
prevedere, avere l'intenzione	*envisager*
rifornire	*réapprovisionner*
stock, le scorte di magazzino	*le stock*

OFFERTA

Il fornitore invia al possibile acquirente la documentazione informativa sui propri prodotti o un'offerta specifica, aggiungendo quanto ritiene utile per ottenere il conferimento di un ordine. Le lettere possono essere:

- offerte in seguito a una richiesta
- risposte negative in seguito a una richiesta che non si può evadere
- offerte spontanee inviate a vecchi clienti o a possibili nuovi clienti

OFFERTA IN SEGUITO A RICHIESTA

A riferimento alla richiesta
B invio di cataloghi, listini, campioni
C informazioni sulle condizioni di vendita (termine di consegna, modo di spedizione, pagamento)
D messa in evidenza di qualche aspetto dell'offerta (prezzi, sconti, ecc.)
E richiesta di ordini e promessa di una accurata esecuzione

Messieurs,
Nous vous remercions pour votre appel d'offre du 3 courant (**A**) *et nous nous empressons de vous remettre ci-joint le nouveau catalogue et le tarif des appareils de notre production* (**B**).
Conformément à votre demande, nous vous proposons les conditions suivantes:

- *40 compteurs réf. 122B* — *PU 31,00 € Total 1 244,00 €*
- *20 tachymètres réf. 249AW* — *PU 40,50 € Total 810,00 €*

- *délai de livraison:* un mois après réception de la commande
- *expédition:* par camion franco de port et d'emballage à votre entrepôt de Nantes
- *paiement:* par traite à 30 jours de la date de facture ou au comptant avec un escompte de 2% (**C**).

Nous nous permettons en outre de vous faire remarquer que sur nos prix déjà très compétitifs vous pourrez bénéficier d'une remise supplémentaire de 3% pour toute commande supérieure à 1 000,00 € (**D**). *Nous espérons pouvoir bientôt vous compter au nombre de nos clients et nous ne manquerons pas de réserver nos soins les plus attentifs* (**E**), *à vos futures commandes. Veuillez agréer, Messieurs, l'expression de nos sentiments distingués*

Vi ringraziamo per la Vs. richiesta d'offerta del 3 c.m. e **Vi rimettiamo in allegato il nuovo catalogo ed il listino prezzi** degli apparecchi di nostra produzione.
Conformemente alla Vs. richiesta, Vi proponiamo le condizioni seguenti:

- 40 contatori ref. 122B € 31,00 cad. Totale € 1 244,00
- 20 tachimetri ref. 249 € 40,50 cad. Totale € 810,00 AW

- **termine di consegna:** un mese dal ricevimento dell'ordine
- **spedizione:** a mezzo camion franco di porto e d'imballaggio al Vs. magazzino di Nantes
- **pagamento:** tratta a 30 giorni data fattura o contanti con sconto del 2%.

Ci permettiamo inoltre di farVi notare che, per ogni ordine superiore a 1 000,00 €, **siamo disposti ad accordarVi un ulteriore sconto del** 3% sui nostri prezzi già competitivi.

Fiduciosi che vorrete onorarci con le Vs. ordinazioni, alla quali dedicheremo la massima cura, cogliamo l'occasione per porgere i nostri più distinti saluti.

Objet: envoi de documentation
Monsieur,
Nous vous remercions de votre visite du 10 courant au cours de laquelle nous vous avons présenté les activités de notre groupe (**A**) *et nous avons le plaisir de vous adresser ci-joint les renseignements que vous nous avez demandés sur notre système de visioconférence appliqué à des stages de formation* (**B**).
Nous restons à votre entière disposition pour répondre à toute demande de renseignementes supplémentaires et nous nous permettons d'attirer votre attention sur la brève étude économique en annexe, qui illustre les avantages de ce type de système dans le domaine de la formation (**D**).
En vous remerciant du temps que vous nous avez consacré, nous vous prions de croire, Monsieur, à l'expression de toute notre considération.

Oggetto: invio di documentazione
Egregio Signore,
La ringraziamo della Sua visita del 10 c.m., durante la quale Le abbiamo presentato le attività del nostro Gruppo e **siamo lieti di inviarLe in allegato le informazioni che ci aveva richiesto in merito al** nostro sistema di videoconferenze per i corsi di formazione.
Restiamo a Sua completa disposizione per eventuali informazioni supplementari e **ci permettiamo di attirare la Sua attenzione sul breve studio economico qui accluso, che dimostra i vantaggi dell'uso di questo tipo di** sistema per la formazione.
RingraziandoLa del tempo che ci ha dedicato, La preghiamo di gradire i nostri più distinti saluti.

Altre formule

A

• *Suite à votre lettre du...*	Con riferimento alla Vs. lettera del...
• *Faisant suite à votre lettre du...*	Facendo seguito alla Vs. lettera del...
• *Nous accusons réception de votre lettre du...*	Abbiamo ricevuto la Vs. lettera del...

B

• *Vous trouverez ci-joint notre dernier catalogue et notre tarif*	Troverete qui allegati il nostro ultimo catalogo e il listino prezzi
• *Nous vous envoyons aujourd'hui même, sous pli séparé, les échantillons et les tarifs que vous nous avez demandés*	Vi inviamo oggi stesso in plico separato i campioni ed i listini richiestici
• *Nous vous faisons parvenir, sous ce même pli, un prospectus détaillé*	Vi inviamo qui accluso un prospetto dettagliato

C

• *Nous conditions de vente sont les suivantes...*	Le nostre condizioni di vendita sono le seguenti...
• *L'expédition sera faite dans les huit jours à compter de la réception de votre commande*	La spedizione sarà fatta entro otto giorni dal ricevimento del Vs. ordine
• *Nos livraisons se font contre règlement net à 3 mois ou au comptant avec 2% d'escompte*	Le nostre consegne si effettuano contro pagamento netto a 3 mesi o in contanti con sconto del 2%

D

• *Nous nous permettons d'attirer votre attention sur...*	Ci permettiamo di attirare la Vostra attenzione su...
• *Vous remarquerez que nos conditions sont très avantageuses*	Noterete che le nostre condizioni sono molto vantaggiose
• *Comme vous pouvez le remarquer, la qualité de nos articles est exceptionnelle*	Come potete notare, la qualità dei nostri articoli è irreprensibile
• *Les tarifs proposés ne sont valables que jusqu'au...*	I prezzi proposti sono validi solo fino al...
• *Nous sommes prêts à vous accorder une remise de ...% à l'occasion de votre première commande*	Siamo disposti a concederVi uno sconto del ...% in occasione del Vostro primo ordine

E

• *Nous espérons que notre offre retiendra votre attention et que vous voudrez bien nous confier vos commandes*	Speriamo che la nostra offerta incontri la Vostra approvazione e che vorrete trasmetterci i Vostri ordini
• *Nous espérons vous compter bientôt au nombre de nos clients*	Speriamo di poterVi presto annoverare tra i nostri clienti
• *Nous espérons que nos propositions vous conviendront*	Speriamo che le nostre proposte siano di Vostro gradimento
• *Nous vous assurons que les commandes que vous voudrez bien nous confier seront exécutées à votre entière satisfaction*	Vi assicuriamo che gli ordini che vorrete passarci saranno eseguiti con Vostra piena soddisfazione

RISPOSTA NEGATIVA

A riferimento alla richiesta
B impossibilità di sottoporre offerta con motivazione
C disponibilità per altre offerte o proposta alternativa

Messieurs,
Nous avons bien reçu votre lettre du 15 septembre (**A**) *qui a retenu toute notre attention et dont nous vous remercions.*
Nous sommes désolés de ne pouvoir donner suite à votre demande, les articles vous intéressant ne rentrant pas dans notre programme de vente (**B**).
Nous vous adressons notre dernier catalogue et nous restons à votre disposition pour tout autre problème que vous auriez à nous soumettre (**C**).
Veuillez agréer, Messieurs, l'expression de notre considération distinguée.

Con riferimento alla Vs. lettera del 15 settembre, **siamo spiacenti di doverVi comunicare che non ci è possibile dar seguito alla Vs. richiesta, poiché i particolari di Vostro interesse non rientrano nel nostro programma di vendita.**
Alleghiamo alla presente il nostro catalogo aggiornato e **restiamo a Vostra disposizione per qualunque altro problema vogliate sottoporci.**
Vogliate gradire i nostri migliori saluti.

Altre formule

A

• *Nous accusons reception de Votre lettre du...*	Accusiamo ricevuta della Vostra lettera del...

B

• *Nous avons le regret de / Nous sommes au regret de / Nous regrettons de ne pouvoir donner suite à votre commande aux conditions indiquées*	Siamo spiacenti di non poter eseguire il Vostro ordine alle condizioni indicate
• *Il nous est impossible d'accepter votre commande car, par suite d'une forte demande, l'article commandé n'est pas disponible actuellement*	Siamo nell'impossibilità di accettare il Vs. ordine poiché, in seguito ad una forte richiesta, l'articolo ordinato non è disponibile in questo momento

C

• *L'article qui vous intéresse a été remplacé par un nouveau modèle, dont vous trouverez la description dans la brochure illustrée ci-jointe*	L'articolo che Vi interessa è stato sostituito da un nuovo modello, descritto nell'opuscolo illustrato qui accluso
• *En remplacement, nous vous soumettons des échantillons de... et nous espérons que l'un d'eux sera à votre convenance*	In alternativa, Vi proponiamo dei campioni di... e speriamo che uno di essi sia di Vostro gradimento

OFFERTA SPONTANEA

A motivazione dell'invio dell'offerta
B presentazione del prodotto/servizio
C richiesta di ordini

Monsieur et Cher Client,
Nous avons le plaisir de vous annoncer la prochaine commercialisation de notre nouveau modèle de perceuse radiale Percematic (**A**).
Il s'agit d'un appareil professionnel, mis au point après deux ans d'essais, qui permet des performances exceptionnelles et qui est à même de satisfaire la clientèle la plus exigeante (**B**).
Vous en trouverez les détails techniques et les conditions de vente dans la documentation ci-jointe.
Nous réservons la première série à nos clients à un prix de lancement de 4 000,00 € et nous sommes certains que notre proposition retiendra toute votre attention (**C**).
Veuillez croire, Monsieur et Cher Client, à l'expression de nos sentiments dévoués.

Caro Cliente,
siamo lieti di annunciarLe la prossima immissione sul mercato del nostro nuovo modello di trapano radiale.
Si tratta di un apparecchio professionale, **realizzato** alla fine di due anni di prove, **che permette** prestazioni eccezionali e che è in grado di soddisfare la clientela più esigente.
Le caratteristiche tecniche e le condizioni di vendita sono illustrate sulla documentazione allegata.
Abbiamo deciso di riservare la prima serie ai nostri vecchi clienti **al prezzo di lancio di** 4 000,00 € e **siamo certi che esaminerete con attenzione la nostra proposta.**
Porgiamo con l'occasione i nostri migliori saluti.

Altre formule

A

• *Nous avons l'avantage de vous proposer notre nouvelle collection de...*	Abbiamo il piacere di proporVi la nostra nuova collezione di...
• *Nous avons le plaisir de vous présenter notre dernier modèle de...*	Siamo lieti di presentarLe il nostro ultimo modello di...
• *Nous venons de lancer sur le marché une nouvelle gamme de...*	Abbiamo appena immesso sul mercato una nuova gamma di...

B

• *En feuilletant notre catalogue vous pourrez vous rendre compte de la variété des articles proposés*	Sfogliando il nostro catalogo, potrete apprezzare la varietà degli articoli proposti
• *Cette machine, conçue spécialement pour vos exigences, allie la plus grande précision à des possibilités d'utilisation très variées*	Questa macchina, studiata appositamente per il Suo lavoro, unisce la massima precisione alle possibilità d'impiego più svariate
• *Cet appareil, d'un maniement très simple, vous permettra de réaliser d'importantes économies*	Estremamente maneggevole, questo apparecchio Vi consentirà di realizzare notevoli economie

C

• *Soyez parmi les premiers à bénéficier de tous ces avantages*	Si affretti ad usufruire di tutti questi vantaggi
• *Profitez de cette offre exceptionnelle*	Approfitti di questa offerta eccezionale
• *Nous espérons que notre offre vous intéressera et que vous ne manquerez pas de nous passer une commande d'essai*	Speriamo che la nostra offerta incontrerà la Vostra approvazione e che Vi indurrà a trasmetterci un ordine di prova

TERMINI UTILI

affrettarsi / provvedere a...	*s'empresser de...*
attirare l'attenzione	*retenir l'attention*
concorrenziale / competitivo	*compétitif*
concedere uno sconto	*accorder une remise*
con riferimento a	*suite à*
con Vostra piena soddisfazione	*à votre entière satisfaction*
dar seguito a una richiesta	*donner suite à une demande*
dedicare la massima cura	*réserver ses soins les plus attentifs*
disponibile	*disponible*
essere a completa disposizione	*rester à,, entière disposition*
essere lieti di...	*avoir le plaisir de...*
essere spiacenti di	*regretter / être au regret de*
in allegato / qui accluso	*ci-joint / en annexe*
in alternativa	*en remplacement*
un'offerta eccezionale	*une offre exceptionnelle*
un opuscolo	*la brochure*
l'ordine di prova	*la commande d'essai*
pagamento:	*paiement:*
alla consegna	*à la livraison*
al ricevimento della merce	*à la réception de la marchandise*
a 60 giorno fine mese	*à 60 jours fin demois*
con assegno	*par chèque*
contro tratta	*par traite*
in contanti	*au comptant*
permettersi di attirare l'attenzione	*se permettre d'attirer l'attention*
permettersi di far osservare	*se permettre de faire remarquer*
proporre delle condizioni	*proposer des conditions*
il prospetto	*le prospectus*
qui accluso	*sous ce même pli*

ricevere/accusare ricevuta	*accuser réception*
lo sconto	*la remise*
lo sconto per pagamento in contanti	*l'escompte pour paiement au comptant*
separatamente	*sous pli séparé*
soddisfare	*satisfaire*
sostituire	*remplacer*
spedizione:	*expédition:*
a mezzo ferrovia	*par chemin de fer*
franco domicilio/franco fabbrica	*franco domicile / usine*
franco stazione di arrivo	*franco gare d'arrivée*
franco stazione di partenza	*franco gare de départ*
per via aerea	*par avion*
porto franco / porto assegnato	*port dû/port payé*
termine di consegna:	*délai de livraison:*
alla fine del mese	*fin de ce mois*
entro 8 giorni	*sous huitaine*
entro 15 giorni	*sous quinzaine*
il 5 febbraio	*le cinq févier*
trasmettere un ordine	*confier une commande*
usufruire di uno sconto	*bénéficier d'une remise*
valido fino a	*valable jusqu'à*

ORDINE

In questa fase della transazione d'affari il cliente prende una decisione. Le lettere relative possono essere:

- risposte negative a un'offerta
- conferimenti di ordini
- conferme d'ordine
- difficoltà nell'esecuzione dell'ordine

RISPOSTA NEGATIVA

A riferimento all'offerta
B rifiuto dell'offerta e motivazione
C scuse e promessa di nuove richieste

Messieurs,
Nous accusons réception de votre offre du 27 octobre dont nous vous remercions (**A**).
Malheureusement elle ne correspond pas à ce que nous cherchons, car vos prix sont nettement supérieurs à ceux de la concurrence et le délai de livraison de 4 semaines que vous proposez est trop long (**B**).
Nous regrettons vivement de ne pouvoir donner une suite favorable à votre offre, mais nous ne manquerons pas de reprendre contact avec vous à l'occasion de nos prochains réapprovisionnements (**C**).
Nous vous prions d'agréer, Messieurs, nos salutations distinguées.

Spett. Ditta,
abbiamo ricevuto la Vs. offerta del 27 ottobre e Ve ne ringraziamo.
Siamo però spiacenti di doverVi comunicare che

non potremo darle alcun seguito, poiché essa **non risponde alle nostre esigenze: i Vostri prezzi sono infatti nettamente superiori** a quelli della concorrenza e **il termine di consegna** di 4 settimane da Voi proposto **è troppo lungo.**
Non mancheremo comunque di rimetterci in contatto con Voi per i nostri prossimi approvvigionamenti.
Distinti saluti.

Altre formule

A

• *Nous avons bien reçu votre offre du...*	Abbiamo ricevuto la Vs. offerta del...
• *Nous vous remercions de votre offre du...*	Vi ringraziamo della Vs. offerta del...
• *Nous référant à votre offre du...*	Con riferimento alla Vs. offerta del...

B

• *Malheureusement nous ne pouvons pas accepter votre délai de livraison de 6 semaines, car nous sommes en rupture de stock*	Non possiamo purtroppo accettare il termine di consegna di 6 settimane, essendo le nostre scorte esaurite
• *En raison de quelques difficultés de trésorerie momentanées, nous sommes dans l'impossibilité d'accepter vos conditions de paiement*	A causa di difficoltà finanziarie temporanee, le Vostre condizioni di pagamento ci sembrano inaccettabili

C

• *A notre vif regret nous ne pouvons donner suite à votre offre*	Con nostro grande rincrescimento, non possiamo dar seguito alla Vostra offerta

• *A l'occasion de nos prochains réapprovisionnements nous nous adresserons de nouveau à vous*	In occasione dei nostri prossimi approvvigionamenti ci rivolgeremo ancora a Voi

CONFERIMENTO DI ORDINE

A riferimento all'offerta
B conferimento dell'ordine (articolo, codice, quantità, prezzo)
C precisazione delle condizioni:
- termine di consegna
- modalità di trasporto
- modalità di pagamento

D raccomandazioni per l'esecuzione e promessa di nuovi ordini

Objet: commande
Messieurs,
Conformément à votre offre du 13 courant (**A**), *nous vous prions de nous faire parvenir les articles indiqués ci-dessous:*

Réf.	*Article*	*Quantité*	*Prix unitaire*	*Montant total*
CP037	*ours peluche*	*200*	*3,50 €*	*700,00 €*
NL142	*lapin peluche*	*300*	*4,00 €*	*1 200,00 €*

aux conditions suivantes (**B**):

Délai de livraison:	*15 jours à compter de la réception de la commande*
Expédition:	*par camion, franco de port et d'emballage*
Paiement:	*au comptant dès réception de la facture avec un escompte de 2%* (**C**)

De la parfaite exécution de cette première commande dépendra toute commande ultérieure plus importante (**D**).
Dans l'attente d'une confirmation de votre part, nous vous prions d'agréer, Messieurs, nos salutations les meilleures.

Oggetto: ordine
Spett. Ditta,
in conformità alla Vostra offerta del 13 c.m., **Vi preghiamo di inviarci gli articoli sotto indicati:**

Codice	Articolo	Quantità	Prezzo unitario	Importo totale
CP037	orso peluche	200	3,50 €	700,00 €
NL142	coniglio peluche	300	4,00 €	1 200,00 €

alle condizioni seguenti:

Termine di consegna: 15 giorni dal ricevimento dell'ordine
Spedizione: a mezzo camion in porto franco, imballaggio gratuito
Pagamento: in contanti al ricevimento della fattura con sconto del 2%

La perfetta esecuzione di questo primo ordine è la condizione preliminare per qualsiasi ordine successivo più importante.
Restiamo in attesa della Vostra conferma e porgiamo con l'occasione i nostri migliori saluti.

Messieurs,
Nous avons bien reçu votre offre du 27 avril ainsi que la documentation en annexe, ce dont nous vous remercions vivement (**A**).
Après avoir examiné vos prix, nous avons l'avantage de vous passer une commande dont vous trouverez le détail dans le bon de commande ci-joint (**B**).

Comme d'habitude, nous aimerions que la marchandise soit acheminée par chemin de fer, régime ordinaire, franco de port et d'emballage 30 jours après la réception de la commande. Comme nous devons participer à la Foire Régionale de Nantes, qui aura lieu du 15 au 21 juin, nous nous permettons d'insister pour que ce délai de livraison soit strictement respecté (**D**).
Le paiement sera effectué par virement bancaire à 60 jours (**C**).
Nous espérons que vous accorderez tous vos soins à l'exécution de cette commande (**D**) *et restons dans l'attente d'une confirmation de votre part.*
Veuillez agréer, Messieurs, nos salutations distinguées.

Spett. Ditta,
abbiamo ricevuto la Vostra offerta del 27 aprile con la documentazione allegata e Ve ne ringraziamo.
Dopo aver esaminato i Vostri prezzi, **siamo lieti di trasmetterVi l'ordinazione dettagliata sul buono d'ordine qui accluso.**
Come al solito, gradiremmo ricevere la merce per ferrovia, regime ordinario, franco di porto e di imballaggio, 30 giorni dopo il ricevimento dell'ordine. Dovendo partecipare alla Fiera Regionale di Nantes, che si svolge dal 15 al 21 giugno, **ci permettiamo di insistere sulla rigorosa osservanza di questo termine di consegna.** Il pagamento sarà effettuato con giroconto bancario a 60 giorni.
Speriamo che dedicherete la massima cura all'esecuzione del nostro ordine e restiamo in attesa della Vostra conferma.
Distinti saluti.

Altre formule

A

(vedi pag. 44)

B

• *Après examen de votre catalogue et de votre tarif, nous avons l'avantage de vous passer la commande suivante:*	Dopo aver esaminato il Vostro catalogo ed il listino prezzi, siamo lieti di trasmetterVi l'ordine seguente:
• *Veuillez noter notre commande:*	Vogliate prender nota dell'ordine seguente:
• *Nous accusons réception de votre offre du... et nous avons le plaisir de vous commander:*	Accusiamo ricevuta della Vs. offerta del... e siamo lieti di ordinarVi:

C

• *L'expédition doit être effectuée par messagerie en port dû le 30 juin au plus tard*	La spedizione deve essere effettuata per corriere in porto assegnato entro il 30 giugno
• *Comme d'habitude la marchandise sera livrée par camion à notre magasin, en port payé, dès réception de la commande*	Come al solito, la merce sarà consegnata al nostro magazzino a mezzo corriere in porto franco al ricevimento dell'ordine.
• *Veuillez nous expédier la marchandise dans un délai maximum de dix jours*	Vogiate spedirci la merce entro un termine massimo di dieci giorni
• *La livraison aura lieu par chemin de fer à nos frais avant le 10 novembre*	La consegna sarà effettuata a mezzo ferrovia a nostre spese entro il 10 novembre
• *Le règlement sera effectué par traite à 60 jours fin de mois de livraison*	Il pagamento sarà effettuato a mezzo tratta a 60 giorni fine mese di consegna

• *Conformément à nos habitudes commerciales, nous vous réglerons, dès réception de la marchandise, par virement sur le Crédit Agricole de Reims*	Conformemente alle nostre abitudini commerciali, Vi salderemo al ricevimento della merce a mezzo giroconto sul Crédit Agricole di Reims
• *Conformément aux conditions indiquées dans votre catalogue, vous nous enverrez la marchandise franco gare de départ contre paiement dans les 90 jours par virement bancaire*	Conformemente alle condizioni indicate sul Vostro catalogo, ci invierete la merce franco stazione di partenza contro pagamento a 90 giorni a mezzo giroconto bancario

D

• *Nous vous prions de contrôler soigneusement l'emballage avant le départ*	Vi preghiamo di controllare con attenzione l'imballaggio prima della partenza
• *Je me permets de recommander l'emballage à vos soins*	Mi permetto di raccomandarVi la massima cura per quanto riguarda l'imballaggio degli articoli
• *Nous tenons absolument à ce que les articles commandés ci-dessus correspondent en tous points aux échantillons que vous nous avez adressés*	È della massima importanza che gli articoli sopra ordinati corrispondano esattamente ai campioni che ci avete inviato
• *Une exécution prompte et soignée de notre commande nous engagera à vous réserver de nouveaux ordres*	Un'esecuzione rapida ed accurata di questo nostro ordine ci consentirà di trasmetterVi altre ordinazioni

• *Nous espérons que la livraison aura lieu dans les délais et aux conditions indiqués et attendons d'urgence votre confirmation*	Ci auguriamo che la consegna avvenga nei termini ed alle condizioni indicate ed attendiamo con urgenza la Vostra conferma

CONFERMA D'ORDINE

A riferimento all'ordine ricevuto
B ripetizione delle condizioni di vendita e/o dell'ordine
C assicurazione di un'accurata esecuzione

Objet: accusé de réception
Messieurs,
Nous vous remercions de votre commande n° 805 du 3 mars (**A**) *et acceptons vos conditions, à savoir:*
– *délai de livraison: sous quinzaine*
– *expédition: franco domicile*
– *règlement en deux échéances: la premier (correspondant à la moitié de la somme due) à 30 jours fin de mois par virement bancaire, l'autre à 90 jours par traite* (**B**).
Nous vous assurons que nos meilleurs soins seront apportés à l'exécution de cette commande (**C**) *et vous prions de croire, Messieurs, à l'expression de nos sentiments dévoués.*

Oggetto: conferma d'ordine
Spett. Ditta,
Vi ringraziamo del Vostro ordine n. 805 **del** 3 marzo e **accettiamo le condizioni da Voi richieste,** cioè:
– **termine di consegna:** entro 15 giorni
– **spedizione:** franco stabilimento
– **pagamento** in due scadenze: una per la metà a 30 giorni fine mese tramite giroconto bancario, l'altra a

90 giorni a mezzo tratta.
Mentre **Vi assicuriamo che eseguiremo il Vostro ordine con la massima cura,** porgiamo con l'occasione i nostri più distinti saluti.

Messieurs,
Votre commande n° ... du ... se référant à:

100 armoires hautes	*réf. AZ 42134*	*à 87,00 €*
200 armoires basses	*réf. PX 65871*	*à 79,50 €*

nous est bien parvenue (**A**) *et nous vous en remercions vivement. Nous vous confirmons que nous sommes disposés à en assurer la livraison dans les conditions de livraison et de paiement énoncées* (**B**). *Nous espérons que vous serez pleinement satisfaits de la qualité de nos articles* (**C**) *et vous prions d'agréer, Messieurs, l'expression de nos sentiments dévoués.*

Egregi Signori,
abbiamo ricevuto il Vostro ordine n. ... **del** ... per:

100 armadi alti	rif. AZ 42134	87,00 € cad.
200 armadi bassi	rif. PX 65871	79,50 € cad.

e Ve ne ringraziamo. Vi confermiamo che **siamo disposti ad assicurarne l'esecuzione alle condizioni di consegna e di pagamento indicate.**
Confidando che sarete pienamente soddisfatti della qualità dei nostri articoli, porgiamo i nostri migliori saluti.

Altre formule

A

- *Nous accusons réception de votre commande n° ... du... citée en référence* — Accusiamo ricevuta del Vostro ordine n. ... del... citato in oggetto

• *Nous venons de recevoir votre bon de commande n° ... du...*	Abbiamo appena ricevuto il Vostro buono d'ordine n. ... del...
• *Nous avons pris bonne note de votre commande du...*	Abbiamo debitamente registrato il Vostro ordine del...

B

• *Nous vous confirmons les conditions de vente et de livraison que vous avez demandées*	Vi confermiamo le condizioni di vendita e di consegna che avete richiesto
• *Nous avons l'avantage de vous informer que les articles commandés sont tous disponibles et que nous pourrons les expédier aux conditions que vous avez indiquées*	Siamo lieti di informarVi che gli articoli ordinati sono tutti disponibili e che potranno essere spediti alle condizioni da Voi indicate.
• *Nous vous confirmons les quantités et les délais suivants:*	Vi confermiamo le quantità e i termini seguenti:
• *Suivant vos instructions, les marchandises seront soigneusement emballées en cartons*	Conformemente alle Vostre istruzioni, la merce sarà accuratamente imballata in scatole di cartone

C

• *Nous vous assurons que nous apporterons tous nos soins à l'exécution de votre commande*	Vi assicuriamo che eseguiremo il Vostro ordine con la massima cura
• *Nous espérons que nos articles vous donneront entière satisfaction*	Speriamo che i nostri articoli Vi diano completa soddisfazione
• *Nous vous assurons que nous réserverons tous nos soins à l'exécution de cette commande*	Vi assicuriamo che eseguiremo questo ordine con la massima attenzione

DIFFICOLTÀ NELL'ESECUZIONE DELL'ORDINE

Il fornitore può non essere in grado di eseguire l'ordine alle condizioni richieste. Ne dà comunicazione al cliente, facendo, eventualmente, una proposta alternativa.

A riferimento all'ordine
B comunicazione dell'impossibilità di eseguirlo con motivazione
C eventuale proposta alternativa
D scuse e/o speranza di ordini futuri

Messieurs,
Votre commande n° 109 du 31 mars nous est bien parvenue (**A**) *et nous vous en remercions.*
Nous regrettons toute fois de ne pas pouvoir respecter le délai de livraison de 30 jours que vous nous indiquez: en effet, par suite d'une forte demande, l'article commandé est épuisé (**B**) *et ne sera pas disponible avant quatre semaines.*
Nous serons donc en mesure d'effectuer l'expédition vers le 20 mai (**C**).
Nous vous présentons nos excuses pour ce contretemps (**D**) *et attendons vos instructions pour les modalités de l'expédition.*
Veuillez agréer, Messieurs, l'expression de nos sentiments dévoués.

Egregi Signori,
abbiamo ricevuto il Vostro ordine n. 109 **del** 31 marzo e Ve ne ringraziamo.
Siamo però **spiacenti di informarVi che non ci è possibile rispettare il termine di consegna** di 30 giorni **da Voi indicato: infatti,** a causa di una forte richiesta, **le scorte dell'articolo ordinato sono esaurite** e saranno reintegrate solo tra quattro settimane.
Saremo quindi in grado di effettuare la spedizione verso il 20 maggio.

Vi preghiamo di scusarci per questo contrattempo e restiamo in attesa delle Vostre istruzioni per le modalità di spedizione.
Vogliate gradire i nostri più distinti saluti.

Messieurs,
Nous accusons réception de votre commande citée en référence (**A**) *et nous vous en remercions vivement.*
Malgré notre vif désir de vous être agréables, nous nous trouvons dans l'impossibilité de vous livrer les articles commandés aux prix indiqués sur votre bon de commande: ceux-ci se réfèrent en effet à notre tarif n° 46, tandis que nous appliquons depuis le mois de septembre les nouveaux prix du catalogue n° 47 (**B**), *correspondant à une augmentation d'environ 4% sur l'ensemble de nos produits.*
Nous vous adressons ci-joint le nouveau catalogue ainsi que le tarif correspondant et vous prions de bien vouloir nous confirmer votre commande.
Dans l'espoir que vous voudrez bien nous excuser pour cet inconvénient, nous restons à votre disposition pour l'exécution de toutes les commandes que vous voudrez nous confier (**D**).
Nous vous prions d'agréer, Messieurs, l'expression de nos sentiments distingués.

Egregi Signori,
abbiamo ricevuto il Vostro ordine citato in oggetto e Ve ne ringraziamo.
Malgrado il nostro desiderio di accontentarVi, **non possiamo però fornirVi gli articoli ordinati ai prezzi che avete indicato** nel Vostro ordine: questi infatti si riferiscono ancora al nostro listino n. 46, mentre **sono già in vigore dal mese di settembre le nuove tariffe** del listino n. 47, che comportano un aumento medio del 4% sull'insieme della nostra produzione.
Vi inviamo qui accluso il nuovo catalogo con listino aggiornato e Vi preghiamo di confermarci il Vostro ordine.
Con la speranza che vorrete scusarci per questo in-

conveniente, restiamo a Vostra disposizione per l'esecuzione di tutti gli ordini che deciderete di affidarci.
Vogliate gradire i nostri migliori saluti.

Altre formule

A

(vedi pag. 51)

B

• *Malheureusement nous sommes dans l'impossibilité de vous donner satisfaction*	Sfortunatamente non siamo in condizioni di darVi soddisfazione
• *Nous avons le regret de vous informer qu'il nous est impossible d'exécuter complètement cet ordre dans les délais demandés par suite d'une rupture exceptionnelle de nos stocks*	Siamo spiacenti di comunicarVi che non ci è possibile eseguire la totalità dell'ordine nei termini richiesti, a causa di una rottura eccezionale di stock
• *Nous avons dû augmenter nos prix de 5% par suite d'une hausse sensible des matières premières*	Abbiamo dovuto aumentare i nostri prezzi del 5% a causa di un aumento consistente delle materie prime
• *Nous regrettons de ne pouvoir vous satisfaire étant donné que nous ne faisons pas l'article demandé*	Ci dispiace non poterlo eseguire, poiché non teniamo l'articolo richiesto

C

• *Mais nous pouvons vous offrir au même prix l'article TW 290 qui présente les mêmes caractéristiques*	Ma possiamo offrirVi allo stesso prezzo l'articolo TW 290 che presenta le stesse caratteristiche

• *En remplacement, nous pouvons vous offrir au même prix l'article 247 d'une qualité nettement supérieure*	In sostituzione possiamo offrirVi allo stesso prezzo l'articolo 247, che è di qualità nettamente superiore

D

• *Nous espérons que ce contretemps ne vous portera pas trop préjudice*	Speriamo che questo contrattempo non Vi nuocerà troppo
• *Veuillez nous excuser pour cet inconvénient indépendant de notre volonté*	Vogliate scusarci per questo inconveniente indipendente dalla nostra volontà
• *Nous sommes persuadés que vous comprendrez nos raisons et que vous nous honorerez encore de vos commandes*	Siamo sicuri che comprenderete la nostra situazione e che ci affiderete ancora con fiducia i Vostri ordini

TERMINI UTILI

accuratamente	*soigneusement*
accurato	*soigné*
al massimo, entro il	*au plus tard*
al ricevimento dell'ordine	*dès réception de la commande*
a nostre spese	*à nos frais*
l'approvvigionamento/il rifornimento	*le réapprovisionnement*
aumentare i prezzi	*augmenter les prix*
avere il piacere di	*avoir l'avantage de*
il buono d'ordine	*le bon de commande*
(citato) in oggetto	*cité en référence*
conferma d'ordine	*confirmation de commande*
con nostro grande rincrescimento	*à notre vif regret*

con riferimento a	*nous référant à*
contro pagamento a... giorni	*contre paiement à... jours*
dar seguito	*donner une suite favorable*
dedicare la massima cura attenzione	*apporter les soins nécessaires/apporter les meilleurs soins*
entro il...	*avant le...*
entro un termine massimo di... giorni	*dans un délai maximum de... jours*
esaurito	*épuisé*
l'esecuzione	*l'exécution*
in rottura di stock/scorte esaurite	*en rupture de stock*
in sostituzione	*en remplacement*
le materie prime	*les matières premières*
mettersi in contatto con	*prendre contact avec*
ordinare	*commander*
per corriere	*par messagerie*
pregiudizievole/dannoso	*préjudiciable*
registrare/prender nota	*prendre bonne note de*
la richiesta	*la demande*
rigorosamente	*strictement*
rigoroso/rigido	*strict*
trasmettere/conferire un ordine	*passer une commande*

ESECUZIONE DELL'ORDINE

A questo punto la merce ordinata viene spedita. Le lettere di questa fase riguardano uno scambio di informazioni tra un fornitore e un cliente relativamente a:

- istruzioni di spedizione
- avvisi di spedizione
- avvisi di ricevimento merce

oppure tra un fornitore o un cliente e una ditta di trasporti relativamente a:

- richieste di prezzi e condizioni
- conferimenti dell'ordine di trasporto

SCAMBIO DI INFORMAZIONI TRA FORNITORE E CLIENTE

ISTRUZIONI DI SPEDIZIONE

A riferimento all'ordine
B istruzioni per il trasporto
C istruzioni per l'imballaggio
D istruzioni per l'assicurazione

Monsieur,
Nous vous serions reconnaissants de bien vouloir procéder à l'expédition de notre commande n° 1423 du 7 avril portant sur 900 kg de papier plotter (**A**) *directement à notre usine de Dijon en port payé par l'intermédiaire de:*
Transport Dubois International
5, place du Général-de-Gaulle
31000 Toulouse
Tél. 20604589
Monsieur Durand (**B**).
Nous vous prions d'apporter le plus grand soin à l'emballage sous nylon imperméable des 18 rouleaux de papier, de 50 kg chacun (**C**), *qui doivent nous êtres*

livrés. Nous vous prions, en outre, de souscrire une assurance tous risques pour couvrir le transport (**D**). *Merci de nous confirmer par retour du courrier la date d'expédition.*
Sincères salutations

Egregio Signore,
La preghiamo di voler procedere alla spedizione del nostro ordine n. 1423 **del** 7 aprile **per** 900 kg di carta plotter direttamente **alla** nostra fabbrica di Digione in porto franco **tramite lo spedizioniere:**
Transports Dubois International
5, place du Général de Gaulle
31000 Toulouse
Tel. 20604589
Signor Durand,
Le chiediamo inoltre di prestare la massima cura all'imballaggio, in nylon impermeabile, della carta, **che dovrà essere consegnata in** 18 rulli **da** 50 **kg ciascuno** e **di provvedere ad una assicurazione multirischio** per coprire il trasporto.
Attendiamo conferma a stretto giro di posta della data di spedizione.
Cordiali saluti.

Messieurs,
Nous venons de stipuler un accord important avec la Société Express Transports de Strasbourg qui se chargera dorénavant de l'enlèvement, du stockage et de la distribution de nos marchandises à des conditions particulièrement avantageuses.
Nous vous prions donc d'expédier par l'entremise de ce transporteur (**B**) *toutes les marchandises faisant l'objet de nos commandes* (**A**) *et nous vous rappelons d'utiliser pour nos envois uniquement des emballages antichocs étanches* (**C**). *Comme d'habitude, vous vous occuperez de l'assurance couvrant le transport, qui sera à notre charge* (**D**).
Nous vous remercions et vous prions d'agréer, Messieurs, nos meilleures salutations.

Spett. Ditta,
abbiamo appena concluso un importante accordo con la società Express Transports di Strasburgo, che si incaricherà d'ora in poi del ritiro, del magazzinaggio e della distribuzione delle nostre merci a condizioni particolarmente vantaggiose.
Vi preghiamo quindi **di voler inoltrare tramite** questo spedizioniere **tutte le merci relative ai nostri ordini** e **Vi ricordiamo di utilizzare** per le nostre spedizioni unicamente **degli imballaggi antiurto a tenuta stagna.** Come al solito, **Vi occuperete direttamente dell'assicurazione** a nostro carico che coprirà ogni invio.
RingraziandoVi, porgiamo i nostri migliori saluti.

Altre formule

A

(vedi pag. 51)

B

• *L'entreprise de messagerie SOLOGNE se chargera comme d'habitude de l'acheminement des colis*	L'impresa di trasporti SOLOGNE si incaricherà come sempre dell'inoltro dei colli
• *Nous vous prions de grouper toutes les marchandises en une seule expédition à acheminer par chemin de fer en régime ordinaire à la fin de la semaine prochaine*	Vi preghiamo di raggruppare tutta la merce in un'unica spedizione da effettuare per ferrovia a piccola velocità alla fine della settimana prossima

C

• *La marchandise devra être livrée dans des caisses en bois au nombre de trois et numérotées A112, A113, A114, pesant 80 kg chacune*	La merce dovrà essere consegnata in tre casse di legno numerate A112, A113, A114, del peso di 80 kg ciascuna

• *Vous pourrez livrer la marchandise en conteneurs*	Potrete consegnare la merce in containers

D

• *Nous vous prions d'assurer le transport contre tous risques et de nous envoyer une copie de la police d'assurance*	Vi preghiamo di assicurare il trasporto contro ogni rischio e di inviarci una copia della polizza di assicurazione
• *Veuillez souscrire pour notre compte une assurance tous risques auprès de la société MAA*	Vi preghiamo di stipulare per nostro conto un'assicurazione multirischio presso la società MAA

AVVISO DI SPEDIZIONE

A avviso di avvenuta spedizione (data e modalità)
B riferimento all'ordine
C documenti
D speranza di nuovi ordini

Objet: expédition commande n° 1887
Monsieur,
Nous avons le plaisir de vous confirmer l'envoi ce jour par l'entremise des transports routiers Chronopost de Caen (**A**) *des 200 caisses marquées AF-1, objet de votre commande n° 1887* (**B**).
Veuillez trouver ci-joint 3 exemplaires de la facture correspondante n° 1239 s'élevant à 195,00 €, franco votre domicile hors douane (**C**).
Comme convenu, nous avons tiré sur vous une traite au 31 mars domiciliée à la Banque de Normandie, agence de Caen.
Votre commande ayant été exécutée avec le plus grand soin, nous espérons que vous voudrez bien nous réserver vos commande futures (**D**).
Veuillez agréer, Messieurs, nos cordiales salutations.

Oggetto: spedizione Vostro ordine n. 1887
Egregio Signore,
siamo lieti di informarLa che **abbiamo provveduto oggi a spedirLe tramite** la società di trasporti stradali Chronopost di Caen **le** 200 casse marcate AF-1 **a fronte del Suo ordine n.** 1887.
Le inviamo in allegato 3 copie della relativa fattura n. 1239 per un totale di 195,00 €, reso franco destino spese doganali escluse.
Come d'accordo, abbiamo spiccato una tratta al 31 marzo domiciliata alla Banque de Normandie, agenzia di Caen.
Certi che l'esecuzione di quest'ordine Le darà piena soddisfazione, **ci auguriamo di ricevere presto ulteriori ordinazioni** e La salutiamo cordialmente.

Messieurs,
Nous vous informons que nous avons confié ce jour à la Compagnie Maritime Transmare deux conteneurs (**A**) *de conserves de tomates faisant l'objet de votre commande n° 317 du 14 février* (**B**).
Ils seront embarqués sur le cargo Acropolis, qui quittera le port de Marseille le 25 courant (**A**).
Nous vous adressons sous ce pli la facture qui s'élève à 1 050,00 €; quant aux documents relatifs à cette expédition, qui est effectuée CAF franco port de Naples, c'est-à-dire:
– connaissement
– police d'assurance
– certificat d'origine (**C**)
nous les avons remis à la Compagnie Transmare qui vous les transmettra.
Nous espérons que vous serez satisfaits de cet envoi et que vous continuerez à nous honorer de vos commandes (**D**).
Veuillez agréer, Messieurs, l'expression de nos sentiments dévoués.

Spettabile Ditta,
Vi informiamo che **abbiamo affidato oggi alla** Compagnia Marittima Transmare due **containers** di conserve di pomodoro **a fronte del Vs. ordine n.** 317 **del** 14 febbraio.
Saranno imbarcati sul cargo Acropolis, che lascerà il porto di Marsiglia **il** 25 c.m.
Vi inviamo in allegato la fattura corrispondente dell'importo di 1 050,00 € ed **abbiamo consegnato i documenti relativi alla spedizione,** che viene effettuata CAF franco porto di Napoli, e cioè:
- polizza di carico
- polizza d'assicurazione
- certificato d'origine

alla Compagnia Transmare, che Ve li trasmetterà.
Speriamo che sarete soddisfatti di questa consegna e che **continuerete a conferirci i Vostri ordini.**
Vogliate gradire i nostri più distinti saluti.

Altre formule

A

• *Les marchandises, objet de votre commande n^{o}..., ont quitté aujourd'hui notre usine par camion et vous seront livrées, franco votre magasin, le...*	La merce, a fronte del Vs. ordine n...., ha lasciato oggi la nostra fabbrica a mezzo camion e Vi sarà consegnata franco Vostro magazzino il...
• *Selon nos accords, je vous adresse ce jour par chemin de fer franco votre gare...*	Come d'accordo, Vi spedisco oggi per ferrovia franco Vostra stazione...
• *Votre commande du... est partie ce matin et sera le... en gare de... où vous pourrez la réceptionner*	Il Vostro ordine del... è partito stamattina e sarà il... alla stazione di... dove potrete ritirarlo
• *Les marchandises voyagent aux risques et périls du destinataire*	La merce viaggia a rischio e pericolo del destinatario

B

(vedi pag. 51)

C

• *La documentation correspondante vous sera remise par le transitaire, M. Payot*	La documentazione relativa Vi sarà consegnata dallo spedizioniere Sig. Payot
• *Les autres documents suivront, dès que la marchandise sera embarquée*	Gli altri documenti seguiranno, non appena la merce sarà imbarcata
• *Nous vous prions de faire le nécessaire afin d'ouvrir un crédit documentaire irrévocable et confirmé en notre faveur auprès du Crédit du Nord, ce qui nous permettra de vous expédier la marchandise*	Vi preghiamo di fare il necessario per aprire un credito documentario irrevocabile e confermato a nostro favore presso il Crédit du Nord, onde permetterci di spedirVi la merce

D

• *Nous espérons que nos articles vous donneront entière satisfaction et que vous nous accorderez à nouveau votre confiance*	Speriamo che i nostri articoli Vi daranno completa soddisfazione e che ci accorderete di nuovo la Vostra fiducia

AVVISO DI RICEVIMENTO DELLA MERCE

A accusa di ricevimento della merce
B ringraziamento per l'esecuzione dell'ordine e/o promessa di altri ordini

Messieurs,
Nous venons de recevoir la marchandise faisant l'objet de notre commande n° 912 du 14 octobre (**A**).
Nous avons le plaisir de vous remercier pour la

parfaite exécution de cet ordre, qui répond en tous points à nos exigences (**B**).
Veuillez agréer, Messieurs, l'expression de notre parfaite considération.

Accusiamo ricevuta della merce a fronte del nostro ordine n. 912 **del** 14 ottobre.
Siamo lieti di poterVi ringraziare per la perfetta esecuzione di questo ordine, che risponde completamente alle nostre esigenze.
Vogliate gradire con l'occasione i nostri migliori saluti.

Messieurs,
Les services d'assiettes que nous vous avions commandés par notre ordre n° 1021 du 12 janvier nous sont parvenus hier (**A**).
Nous tenons à vous signaler que cet envoi nous a donné entière satisfaction et nous vous assurons que nous ne manquerons pas de nous adresser de nouveau à vous pour nos prochains réapprovisionnements (**B**).
Recevez, Messieurs, avec nos remerciements, nos meilleures salutations.

I servizi di piatti **che Vi avevamo ordinato con il nostro buono d'ordine n.** 1021 **del** 12 gennaio **ci sono pervenuti ieri**.
Teniamo a segnalarVi che questo invio ci ha dato completa soddisfazione e **Vi assicuriamo che non mancheremo di rivolgerci nuovamente a Voi per i nostri prossimi acquisti.**
Vogliate gradire, con i nostri ringraziamenti, i nostri migliori saluti.

Altre formule

A

• *Nous accusons réception de votre envoi du...*	Accusiamo ricevuta della Vostra consegna del...

• *Les... objet de notre commande n°... du... nous ont été livrés aujourd'hui en parfait état*	Gli... oggetti del nostro ordine n.... del... ci sono stati consegnati oggi in ottimo stato

B

• *Nous vous remercions de la ponctualité dont vous avez fait preuve*	Vi ringraziamo della puntualità di cui avete dato prova
• *Nous voudrions vous remercier pour les soins que vous avez réservés à l'emballage de la marchandise*	Vorremmo ringraziarVi per l'attenzione riservata all'imballaggio della merce
• *Nous espérons pouvoir vous passer bientôt de nouvelles commandes*	Speriamo di poterVi passare presto nuovi ordini

SCAMBIO DI INFORMAZIONI TRA FORNITORE O CLIENTE E DITTA DI TRASPORTI

RICHIESTA DI PREZZI E CONDIZIONI

A richiesta di disponibilità e condizioni
B precisazioni sulla spedizione: modalità, ritiro e destinazione
C precisazioni sulla merce: natura, peso, imballaggio

Objet: conditions de transport
Messieurs,
Nous vous prions de nous faire connaître vos conditions (**A**) *pour effectuer des livraisons régulières par camion une fois par semaine de Blois à Turin* (**B**).
Chaque envoi se composera de 200 cartons de confitures de fruits pour un poids total de 3 500 kg (**C**).

Veuillez nous soumettre au plus tôt une offre détaillée, en précisant vos conditions de paiement.
Veuillez agréer, Messieurs, avec nos remerciements, nos salutations distinguées.

Oggetto: condizioni di trasporto
Spettabile Ditta,
Vi preghiamo di comunicarci la Vostra disponibilità e le Vostre condizioni per effettuare delle consegne regolari a mezzo camion una volta alla settimana **da** Blois **a** Torino.
Ogni spedizione sarà costituita da 200 scatoloni di marmellate di frutta **per un peso totale di** 3 500 kg.
Vogliate sottoporci al più presto una proposta dettagliata, precisando le Vostre condizioni di pagamento.
Ringraziando, porgiamo i nostri migliori saluti.

Altre formule

A

• *Nous vous serions reconnaissants de bien vouloir nous faire connaître les prix d'affrètement d'un cargo de Marseille à Gênes*	Vi preghiamo di volerci comunicare il prezzo per il nolo di un cargo da Marsiglia a Genova
• *Nous vous serions obligés de nous faire savoir à quel prix et à quelle date vous pourriez mettre à notre disposition un camion entier*	Vogliate farci sapere a che prezzo e in che data potreste metterci a disposizione un camion completo
• *Veuillez nous faire savoir combien dure l'acheminement d'un envoi par exprès de... à...*	Vogliate comunicarci quanto tempo impiega una spedizione per espresso da... a...

• *Les prix doivent comprendre les frais de chargement et de déchargement*	I prezzi devono comprendere le spese di carico e di scarico

B

• *Nous avons besoin d'un wagon pour un chargement de 50 tonnes de charbon en vrac*	Abbiamo bisogno di un vagone per un carico di 50 tonnellate di carbone alla rinfusa
• *L'embarquement devrait avoir lieu à la fin du mois dans le port de Palerme*	L'imbarco dovrebbe avvenire alla fine del mese dal porto di Palermo
• *L'enlèvement devra être effectué le 28 juillet à notre entrepôt de Rouen*	Il ritiro dovrà essere effettuato il 28 luglio al nostro deposito di Rouen

C

• *Les boîtes de sardines sont emballées dans 1 000 cartons de 15 kg chacun*	Le scatole di sardine sono imballate in 1 000 scatoloni da 15 kg l'uno
• *L'expédition consiste en 300 sacs de jute de maïs de 50 kg chacun*	La spedizione comprende 300 sacchi di juta di mais da 50 kg ciascuno

CONFERIMENTO DELL'ORDINE DI SPEDIZIONE

A presentazione del problema
B conferimento dell'ordine di spedizione con precisazioni su: modalità, ritiro e destinazione
C precisazioni sulla merce: natura, peso, imballaggio

Objet: demande de transport
Messieurs,
Une société espagnole nous a passé une commande de matériel électronique que nous devons livrer pour la fin du mois de septembre (**A**).
Nous vous prions de bien vouloir vous charger de cette livraison à destination de Madrid. La

marchandise pourra être enlevée de nos magasins le 22 septembre dans la matinée et devra être chargée sur l'avion-cargo AF 321 décollant le 23 septembre de l'aéroport d'Orly (**B**). *L'envoi se compose de 10 cartons de 30 kg chacun* (**C**).
Veuillez nous faire parvenir, comme d'habitude, votre note de frais, incluant aussi une assurance supplémentaire tous risques.
Dans l'attente de votre accord nous vous prions de recevoir, Messieurs, nos salutations distinguées.

Oggetto: richiesta di trasporto
Abbiamo ricevuto da una ditta spagnola **un ordine per** una certa quantità di materiale elettronico **che dobbiamo consegnare entro** la fine di settembre.
Vi preghiamo di volerVi incaricare di questa spedizione a destinazione di Madrid. **La merce potrà essere ritirata** dal nostro magazzino **il** 22 settembre mattina **e dovrà essere caricata sul** cargo AF 321 in partenza il 23 settembre dall'aeroporto di Orly.
Vogliate inviarci come al solito la nota delle spese, includendo un'assicurazione supplementare contro ogni rischio.
Restiamo in attesa della Vs. conferma e distintamente Vi salutiamo.

Altre formule

A

• *L'acroissement de notre commerce avec l'Espagne nous amène à envisager des transports réguliers avec ce pays*	L'incremento dei nostri affari con la Spagna ci porta a prevedere delle spedizioni regolari verso questo paese
• *Notre client ALFATEX nous a chargés de vous contacter pour l'expédition de...*	Il nostro cliente ALFATEX ci ha incaricato di contattarVi per la spedizione di...

B/C

• *Nous vous prions d'affréter pour notre compte un navire pouvant embarquer 100 conteneurs de 500 kg à destination de Tarente*	Vi preghiamo di voler noleggiare per nostro conto una nave che possa imbarcare 100 containers da 500 kg ciascuno destinati a Taranto
• *Le camion devra être à notre usine le 10 prochain pour enlever les 30 caisses marquées "fragile"*	Il camion dovrà trovarsi alla nostra fabbrica il 10 p.v. per ritirare le 30 casse marcate "fragile"
• *L'arrivée du conteneur doit être notifiée au destinataire*	L'arrivo del container deve essere notificato al destinatario
• *Les conditions de livraison accordée à notre client étant CAF Tunis, le fret et l'assurance seront totalement à notre charge*	Avendo concordato con il nostro cliente una spedizione CAF Tunisi, le spese di nolo e l'assicurazione sono totalmente a nostro carico

TERMINI UTILI

l'aereo da carico	*l'avion cargo*
affidare un trasporto	*confier un transport*
alla rinfusa	*en vrac*
un'assicurazione multirischio	*une assurance tous risques*
il cargo	*le cargo*
caricare su una nave	*embarquer*
la cassa di legno	*la caisse en bois*
il certificato d'origine	*le certificat d'origine*
il collo	*le colis*
CIF (Costo, Assicurazione, Trasporto)	*CAF (Coût, Assurance, Fret)*
il container del peso di...	*le conteneur pesant*

l'imballaggio antiurto, impermeabile, a tenuta	*l'emballage antichoc, imperméable, étanche*
imballare	*emballer*
l'imbarco	*l'embarquement*
immagazzinare	*stocker*
l'impresa di trasporti	*l'entreprise de messagerie*
inoltrare	*acheminer*
l'inoltro	*l'acheminement*
marcato	*marqué*
noleggiare	*affréter*
il nolo (di nave)	*l'affrètement*
la nota spese	*la note de frais*
notificare	*notifier*
numerato	*numéroté*
la polizza d'assicurazione	*la police d'assurance*
la polizza di carico	*le connaissement*
reso franco destino	*rendu votre domicile*
ritirare	*enlever*
ritirare della merce	*réceptionner*
il ritiro	*l'enlèvement*
il sacco di juta	*le sac de jute*
lo scatolone	*le carton*
la spedizione	*l'envoi*
spedizioniere (per operazioni di transito)	*le transitaire*
le spese di nolo	*le fret*
spese doganali escluse	*hors douane*
stipulare un'assicurazione	*souscrire une assurance*
lo stoccaggio	*le stockage*
tramite	*par l'intermédiaire de* *par l'entremise de*

Per la terminologia relativa alla spedizione, vedi anche i Termini utili del capitolo **Offerta**.

PAGAMENTO

Le lettere relative a questa fase della transazione commerciale possono essere:

- richieste di pagamento
- pagamenti tramite assegno
- pagamenti a mezzo banca
- emissioni di tratta
- accettazioni di tratta
- errori nell'emissione di tratta
- mancati pagamenti di tratta
- richieste di rinnovo di tratta
- solleciti di pagamento

RICHIESTE DI PAGAMENTO

A invio di fattura o estratto conto
B richiesta di pagamento
C indicazione di modalità di pagamento, importo, banca

Objet: règlement
Monsieur,
Nous vous adressons ci-joint votre relevé de compte arrêté au 31 janvier et qui présente un solde de 389,50 € en notre faveur (**A**).
Si, après vérification, vous le trouvez conforme à vos écritures, nous vous serions obligés de faire virer, comme d'habitude, cette somme (**B**) *sur notre compte à la Société Marseillaise de Crédit* (**C**).
Nous vous en remercions et vous prions d'agréer, Monsieur, nos meilleures salutations.

Oggetto: pagamento
Egregio Signore,
Le inviamo qui allegato il Suo estratto conto chiuso al 31 gennaio, **che presenta un saldo di** 389,50 € a nostro favore.
La preghiamo di volerlo controllare e, se le registrazioni corrispondono, di **accreditare questo importo come d'uso sul nostro conto alla** Société Marseillaise de Crédit.
RingraziandoLa, porgiamo con l'occasione i nostri migliori saluti.

Messieurs,
Nous vous prions de trouver ci-joint votre relevé de compte arrêté au 30 juin et qui s'élève à 93,50 € (**A**).
Nous vous saurions gré de bien vouloir nous faire parvenir, après vérification, cette somme (**B**) *par chèque ou par virement bancaire sur notre compte n° 13732A du Crédit Lyonnais, agence d'Annecy* (**C**).
Veuillez agréer, Messieurs, nos salutations distinguées.

Spett. Ditta,
allegato alla presente Vi trasmettiamo il Vostro estratto conto chiuso al 30 giugno, **che ammonta a** 93,50 €.
Vi preghiamo di esaminarlo e di **farci avere detto importo tramite** assegno **o tramite** giroconto bancario. **La nostra banca è** il Crédit Lyonnais agenzia di Annecy, conto n. 13732A.
Vogliate gradire i nostri più distinti saluti.

Altre formule

A

• *Nous vous faisons parvenir ci-inclus votre relevé de compte*	Alleghiamo alla presente il Vostro estratto conto
• *Vous trouverez ci-joint notre facture n° 747 du 13 mai*	Troverete qui acclusa la Nostra fattura n. 747 del 13 maggio

B/C

• *Veuillez nous en assurer le règlement*	Vogliate provvedere al pagamento
• *Nous vous prions de bien vouloir effectuer le paiement par...*	Vi preghiamo di voler effettuare il pagamento tramite...
• *Nous vous prions de bien vouloir nous virer la somme due*	Vi preghiamo di volerci accreditare la somma dovuta

PAGAMENTI TRAMITE ASSEGNO

A riferimento alla fattura o all'estratto conto
B annuncio del pagamento tramite assegno allegato (numero, importo, banca)
C preghiera di accusarne ricevuta

Messieurs,
Nous venons de recevoir la marchandise faisant l'objet de notre commande n° 37 ainsi que la facture correspondante n° 2856 s'élevant à 1 150,00 € (**A**).
En règlement, nous vous remettons sous ce pli le chèque barré n° 9117223 du même montant sur la Banque Paribas (**B**) *et que vous voudrez bien porter à notre crédit.*
Nous vous prions de bien vouloir nous en accuser réception (**C**).
Veuillez agréer, Messieurs, nos sincères salutations.

Abbiamo regolarmente ricevuto la merce a fronte del nostro ordine n. 37 insieme alla relativa **fattura n.** 2856 per un totale di 1 150,00 €.
In pagamento, Vi rimettiamo allegato alla presente assegno bancario sbarrato n. 9117223 **della banca** Paribas **per lo stesso importo**, che Vi preghiamo di portare a nostro credito.
Graditi di un cenno di riscontro, porgiamo i nostri più distinti saluti.

Messieurs,
En règlement de votre relevé de compte n° 75 (**A**),
nous vous remettons ci-joint le chèque barré n° 07481955 sur la Société Générale de Morlaix d'un montant de 1 300,00 (mille trois cents) € (**B**).
Nous vous prions de nous en accuser réception (**C**).
Veuillez agréer, Messieurs, nos salutations distinguées.

Vi inviamo qui accluso l'assegno sbarrato n. 07481955 **della** Société Générale di Morlaix **per** 1 300,00 (milletrecento) €.
Vogliate destinarlo a saldo del Vostro estratto conto n. 75 e **favorite confermarne la ricezione.**
Distinti saluti.

✉ *Altre formule*

A

• *En paiement de votre facture n°...*	A saldo della Vostra fattura n....
• *En couverture de votre facture n°...*	In pagamento della Vostra fattura n....

B

• *Nous vous prions de trouver ci-joint notre chèque...*	Abbiamo il piacere di rimetterVi qui accluso ns. assegno.

C

• *Veuillez nous en accuser réception*	Favorite accusare ricevuta
• *Nous attendons votre accusé de réception*	Rimaniamo in attesa di un Vostro cenno di riscontro

PAGAMENTI A MEZZO BANCA

A riferimento alla fattura o all'estratto conto
B annuncio dell'avvenuto pagamento (data, importo, banca)
C preghiera di accusarne ricevuta

Messieurs,
Nous accusons réception de votre relevé de compte arrêté au 31 décembre et qui s'élève à 185,00 € (**A**).
Le trouvant conforme à nos écritures, nous donnons instructions aujourd'hui même à la Banque Indo-Suez, de vouz créditer de ce montant (**B**).
Veuillez nous en accuser réception (**C**).
Sincères salutations.

Spettabile Ditta,
abbiamo ricevuto il Vostro estratto conto chiuso al 31 dicembre con un saldo a Vostro favore di 185,00 €.
Trovandolo conforme alle nostre registrazioni, **diamo ordine oggi stesso alla nostra banca**, la Banca Indo-Suez, **di accreditarVi questo importo**.
Favorite accusarne ricevuta.
Distinti saluti.

Messieurs,
En règlement de votre facture n° 887 du 6/10 (**A**) *nous virons ce jour sur votre compte du Crédit Agricole de Bourg-en-Bresse la somme de 348,00 €* (**B**).
Dans l'attente de votre accusé de réception (**C**) *nous vous prions d'agréer, Messieurs, nos salutations distinguées.*

A saldo della Vostra fattura n. 887 **del** 6/10, **abbiamo fatto trasferire oggi la somma di** 348,00 € **sul Vostro conto al** Crédit Agricole di Bourg-en-Bresse.
Attendiamo conferma dell'avvenuto pagamento e distintamente Vi salutiamo.

Objet: ouverture de crédit documentaire
Messieurs,
Nous avons bien reçu votre facture pro forma du 13 septembre relative à notre commande d'appareils électroménagers du 30 juillet (**A**).
Nous avons le plaisir de vous informer que nous avons ouvert en votre faveur auprès du Banco Ambrosiano,

agence nº 5 de Varese, Via Risorgimento 7, un crédit documentaire irrévocable et confirmé pour un montant de 13 000,00 € valable jusqu'au 30 octobre (**B**).
Le correspondant de notre banque sur votre place, l'agence nº 3 du Crédit Lyonnais de Limoges, se mettra sous peu en contact avec vous pour régler cette affaire.
Nous vous prions de bien vouloir procéder à l'expédition de la marchandise dès que possible aux conditions convenues.
Veuillez agréer, Messieurs, nos salutations les meilleures.

Oggetto: apertura di credito
Abbiamo ricevuto la Vostra fattura pro-forma del 13 settembre relativa al nostro ordine di elettrodomestici del 30 luglio. Abbiamo il piacere di informarVi che **abbiamo aperto in Vostro favore presso la nostra banca**, Banco Ambrosiano, agenzia n. 5 di Varese, Via Risorgimento 7, **un credito documentario irrevocabile e confermato per un importo di** 13 000,00 € **valido fino al** 30 ottobre.
La banca corrispondente sulla Vostra piazza, il Crédit Lyonnais, agenzia n. 3 di Limoges, si metterà prossimamente in contatto con Voi per lo svolgimento dell'operazione.
Vi preghiamo di voler procedere appena possibile alla spedizione della merce alle condizioni concordate.
Vogliate gradire i nostri più distinti saluti.

Altre formule

A

(vedi pag. 75)

B

- *Nous avons donné les instructions nécessaires afin qu'un virement de... € soit adressé directement à la Banque... compte...*

  Abbiamo dato le istruzioni necessarie per far accreditare direttamente sul Vs. conto... alla Banca... la somma di...

• *J'ai fait virer la somme de... sur votre compte n°... de la Banque...*	Ho fatto accreditare l'importo di... sul Vostro conto alla Banca...
• *Nous avons le plaisir de vous confirmer que notre banque... a accepté d'ouvrir en votre faveur un crédit documentaire pour un montant de... €*	Abbiamo il piacere di confermarVi che la nostra banca... ha accettato di aprire in Vostro favore un credito documentario per un valore di... €

C

(vedi pag. 75)

EMISSIONE DI TRATTA

A riferimento alla fattura e/o ad accordi precedenti
B invio della tratta (valore, scadenza, domiciliazione)
C richiesta di accettazione ed eventualmente di pagamento

Messieurs,
Nous vous informons que, en règlement de notre facture n° 345 du 8 mars et conformément aux conditions de paiement convenues (**A**), *nous avons tiré sur vous une traite de 150,00 € au 31 mai domiciliée auprès du Crédit Commercial de France, agence n° 2 d'Albi* (**B**).
Nous vous l'adressons et vous prions de nous la renvoyer revêtue de votre acceptation.
Nous sommes persuadés que vous lui réserverez un accueil favorable (**C**) *et vous prions de croire à l'assurance de nos sentiments les meilleurs.*

Spettabile Ditta,
Vi informamo che, **a copertura della nostra fattura n.** 345 **dell'**8 marzo **e conformemente alle condizioni di pagamento concordate, abbiamo spiccato su di**

Voi una tratta di 150,00 € **con scadenza** 31 maggio **che Vi sarà presentata per il pagamento tramite** il Crédit Commercial de France, agenzia n. 2 di Albi.
Ve la trasmettiamo in allegato e **Vi preghiamo di rispedircela munita della Vostra accettazione.**
Certi che vorrete onorarla alla scadenza, porgiamo con l'occasione i nostri migliori saluti.

Messieurs,
Nous vous adressons sous ce pli une traite de 631,50 € à l'échéance du 31 octobre (**B**) *que nous avons tirée sur vous en couverture de notre facture n° 781 du 28 juillet* (**A**). *Nous l'avons domiciliée, suivant vos instructions, au Crédit du Nord, agence n° 3 d'Arras* (**B**).
Vous nous obligeriez en nous la retournant munie de votre acceptation (**C**).
Nous vous demandons de bien vouloir lui réserver bon accueil (**C**) *et, avec nos remerciements, nous vous prions d'agréer, Messieurs, nos salutations les meilleures.*

Egregi Signori,
Vi inviamo in allegato una tratta per l'importo di 631,50 € **con scadenza** 31 ottobre, che abbiamo emesso su di Voi **a saldo della nostra fattura n.** 781 **del** 28 luglio. Secondo le Vostre istruzioni, **l'abbiamo domiciliata presso** il Crédit du Nord, agenzia n. 3 di Arras.
Vi invitiamo a volercela ritornare firmata per accettazione e, **certi che la onorerete alla sua scadenza**, Vi ringraziamo e porgiamo i nostri più distinti saluti.

Altre formule

A

• *Nous référant à votre relevé de compte n°... du...*	Facendo riferimento al Vostro estratto conto n.... del...

• *Comme convenu,*	Come d'accordo,
• *Conformément à nos accords,*	Conformemente ai nostri accordi,

B

• *Nous vous faisons parvenir, ci-joint une traite de ... au ...*	Vi inviamo in allegato una tratta di ... al ...
• *Nous nous permettons de vous envoyer en annexe une lettre de change*	Vogliate considerare l'allegata tratta
• *Veuillez trouver ci-joint l'effet en question*	Alleghiamo alla presente la tratta in oggetto

C

• *Nous vous serions très obligés de bien vouloir nous retourner cet effet revêtu de votre acceptation*	Vi invitiamo a ritornarci questo effetto munito della Vostra accettazione
• *Nous vous prions de nous renvoyer cette traite acceptée*	Vi preghiamo di rispedirci questa tratta accettata
• *Nous vous prions de réserver bon accueil à cet effet*	Vi preghiamo di riservare buona accoglienza a questo effetto

ACCETTAZIONE DI TRATTA

A riferimento alla tratta ricevuta (valore e scadenza)
B invio della tratta accettata
C promessa di pagamento

Messieurs,
Nous vous prions de trouver sous ce pli la traite de 143,70 € au 27 mars (**A**) *que vous avez tirée sur nous en règlement de votre facture n° 745 du 15 janvier et que nous vous remettons dûment signée et acceptée* (**B**). *Soyez certains que notre banque, le Crédit Commercial*

de France, honorera cet effet (**C**).
Veuillez agréer, Messieurs, nos meilleures salutations.

Spettabile Ditta,
Vi rimettiamo qui allegata la tratta di 143,70 € **con scadenza** 27 marzo, che avete spiccato su di noi a saldo della Vostra fattura n. 745 del 15 gennaio e **che Vi rimettiamo debitamente firmata per accettazione.**
Vi assicuriamo che la nostra banca, il Crédit Commercial de France, **onorerà puntualmente questo effetto** e porgiamo con l'occasione i nostri più distinti saluti.

Monsieur,
Veuillez trouver ci-joint la lettre de change de 3 768,80 € au 15 janvier (**A**) *que nous vous renvoyons munie de notre acceptation* (**B**).
Nous vous en souhaitons bonne réception et nous vous donnons l'assurance que nous la paierons à l'échéance (**C**).
Sincères salutations.

Egregio Signore,
Le inviamo, allegata alla presente, **la Sua tratta al** 15 gennaio **dell'importo di** 3 768,80 € **debitamente accettata.**
Le assicuriamo che non mancheremo di pagarla alla scadenza e porgiamo i nostri più cordiali saluti.

Altre formule

A

• *Nous accusons réception de votre lettre du 13 février renfermant la traite de... au...*	Abbiamo ricevuto la Vostra lettera del 13 febbraio insieme alla tratta di... al...
• *Nous venons de recevoir votre traite de... au...*	Abbiamo appena ricevuto la Vostra tratta del valore di... al...

B

• *Nous vous adressons ci-joint...*	Vi rimettiamo in allegato...
• *Après acceptation nous vous la retournons*	La accettiamo e Ve la rispediamo munita della nostra accettazione
• *Nous lui avons réservé un bon accueil et vous la renvoyons ce jour même dûment signée*	L'abbiamo debitamente accettata e Ve la rispediamo oggi stesso firmata

C

• *Vous pouvez être assurés que nous la réglerons à l'échéance*	Potete essere certi che sarà regolarmente pagata alla scadenza

ERRORI NELL'EMISSIONE DI TRATTA

A riferimento alla tratta ricevuta (valore e scadenza)
B segnalazione dell'errore
C rifiuto di accettazione e richiesta di tratta rettificata
oppure
D accettazione con preghiera di registrazione contabile della differenza

Messieurs,
Nous venons de recevoir ce jour une traite de 1 092,30 € au 31 octobre (**A**) *que vous avez tirée sur nous en règlement de votre facture n° 1987 du 13 septembre.*
Toutefois, nous trouvons que l'échéance de 30 jours fin de mois de facturation est trop rapprochée (**B**) *et, comme nous en avions convenu avec Monsieur Gaulois, nous aimerions payer à 90 jours.*
Nous regrettons de ne pouvoir accepter votre effet, que nous vous renvoyons ci-joint, et nous vous prions de bien vouloir nous adresser une nouvelle traite rectifiée (**C**) *que nous nous empresserons de vous*

retourner revêtue de notre acceptation.
Nous vous en remercions par avance et vous prions d'agréer, Messieurs, nos meilleures salutations.

Egregi Signori,
abbiamo ricevuto oggi una tratta di 1 092,30 € **al** 31 ottobre, che avete spiccato su di noi a copertura della Vostra fattura n. 1987 del 13 settembre.
Ora, siamo del parere che la scadenza di 30 giorni fine mese di fatturazione **sia troppo ravvicinata** e, come già d'accordo con il Signor Gaulois, gradiremmo pagare a 90 giorni.
Siamo quindi spiacenti di non poter accettare il Vostro effetto, che Vi rispediamo qui allegato e **Vi preghiamo di voler emettere una nuova tratta rettificata**, che ci affretteremo a ritornarVi munita della nostra accettazione.
Vi ringraziamo anticipatamente e Vi preghiamo di gradire i nostri più distinti saluti.

Monsieur,
Je reçois ce jour votre relevé de factures au 31 mars ainsi que la traite de 478,10 € à l'échéance du 31 mai (**A**), *que vous m'adressez pour l'acceptation.*
Toutefois, en contrôlant mes écritures, j'ai constaté que la facture d'avoir n° 148 du 14 février qui s'élève à 83,50 € n'a pas été prise en considération (**B**).
Il s'agit probablement d'un oubli de votre service comptable.
Pour simplifier, j'accepte la traite que vous avez jointe à votre lettre et je vous la renvoie sous ce pli, mais je vous prie de prendre bonne note de l'erreur et de reconduire le crédit, soit 83,50 €, au mois prochain (**D**).
Sincères salutations.

Egregio Signore,
ho ricevuto oggi l'estratto conto al 31 marzo e **la tratta di** 478,10 € **con scadenza** 31 maggio per l'accettazione.
Da un controllo contabile, risulta però che **non si è te-**

nuto conto della mia fattura n. 148 **del** 14 febbraio **dell'importo di** 83,50 €.
Si tratta probabilmente di una dimenticanza del Suo ufficio contabilità.
Per semplificare le cose, **Le rispedisco comunque accettata la tratta** che mi ha inviato, **pregandoLa di** prendere nota dell'errore e di **portare a mio credito la differenza e cioè** 83,50 €.
Cordialmente.

Altre formule

A

(vedi pag. 81)

B

• *Après vérification de nos comptes, nous avons constaté que le montant de la traite est supérieur à celui de notre relevé de compte mensuel*	Da una verifica contabile, risulta che l'importo della tratta è superiore a quello dell'estratto conto mensile
• *A la vérification*	Controllando
• *Or, la lettre de change n'est pas conforme au relevé de compte*	Ora, la tratta non è conforme all'estratto conto
• *La valeur de la traite ne correspond pas au montant de la facture*	Il valore della tratta non corrisponde all'importo della fattura
• *Votre délai de paiement ne correspond pas aux conditions fixées*	Il Vostro termine di pagamento non corrisponde alle condizioni concordate

C

• *Par conséquent, nous vous retournons la traite non acceptée et nous vous prions de nous envoyer une traite rectifiée*	Vi rispediamo quindi la tratta non accettata e Vi preghiamo di inviarci una tratta rettificata

• *Nous nous empressons de vous la renvoyer et vous prions de bien vouloir la modifier*	Ci affrettiamo a rispedirvela e Vi preghiamo di volerla correggere

D

• *Nous acceptons cependant votre effet, mais nous vous prions de créditer notre compte d'un avoir de 90,00 €*	Tuttavia accettiamo il Vostro effetto, pregandoVi di accreditare un avere di 90,00 € sul nostro conto
• *Nous vous renvoyons votre traite dûment acceptée, mais nous vous prions de porter la différence, soit... €, au crédit de notre compte*	Vi rispediamo la Vostra tratta debitamente accettata, ma Vi preghiamo di portare la differenza, e cioè... €, a credito del nostro conto

MANCATI PAGAMENTI DI TRATTA

A segnalazione del mancato pagamento (importo e scadenza)
B riferimento agli accordi presi
C richiesta di pagamento in tono cortese (buon cliente o cliente abituale)

oppure

D richiesta di pagamento con minaccia di ricorso alle vie legali

Messieurs,
Notre banque nous retourne aujourd'hui, encore impayée, la lettre de change de 515,70 € au 30 novembre (**A**), *que nous avions tirée sur vous en règlement de votre relevé de compte trimestriel.*
Etant donné que vous avez accepté cet effet le 15 octobre (**B**), *nous sommes surpris de son retour.*
Nous pensons qu'il s'agit d'une erreur et vous prions

de nous faire parvenir cette somme par virement bancaire ou par tout autre moyen à votre convenance (**C**).
Nous vous en remercions et vous prions d'agréer, Messieurs, nos salutations distinguées.

Spettabile Ditta,
la nostra banca ci ha restituito oggi non pagata la tratta di 515,70 € **con scadenza** 30 novembre, che avevamo spiccato su di Voi a saldo del Vostro estratto conto trimestrale.
Trattandosi di una tratta accettata da Voi in data 15 ottobre, siamo sorpresi di questo ritorno.
Siamo certi che è un semplice errore e **Vi preghiamo di farci avere l'importo in questione tramite giroconto bancario o con qualunque altro mezzo di Vostro gradimento.**
RingraziandoVi, porgiamo i nostri più distinti saluti.

Messieurs,
Nous sommes au regret de devoir vous signaler que la traite de 813,30 € au 27 mars que nous avions tirée sur vous pour solde de notre facture n° 368 du 15 janvier vient de nous être retournée impayée par notre banque (**A**).
Comme vous l'aviez régulièrement acceptée le 27 janvier (**B**)*, nous sommes fort surpris de ce non-paiement.*
Nous pensons qu'il s'agit d'une erreur et vous prions de nous envoyer par retour du courrier un chèque pour cette somme plus les frais, soit 834,80 €. A défaut, nous nous verrions obligés, à notre vif regret, de recouvrer notre créance par voies légales (**D**).
Veuillez agréer, Messieurs, nos salutations distinguées.

Spettabile Ditta,
siamo spiacenti di segnalarVi che la tratta di 813,30 € **al** 27 marzo che avevamo spiccato su di Voi a saldo della nostra fattura n. 368 del 15 gennaio,

ci è stata ritornata non pagata dalla nostra banca. **Poiché l'avevate regolarmente accettata il** 27 gennaio, siamo molto sorpresi di questo mancato pagamento.
Pensiamo che si tratti di un errore e **Vi preghiamo di inviarci a stretto giro di posta un assegno per il valore della tratta comprensivo delle spese, e cioè** 834,80 €. **In caso contrario, saremo costretti**, con nostro vivo rincrescimento, **a ricorrere alle vie legali** per ricuperare il nostro credito.
Distinti saluti.

Altre formule

A

• *Notre banque nous renvoie, encore impayée, par la lettre de change d'un montant de... € au... que...*	Riceviamo dalla nostra banca non pagata la tratta di... € al... che...

B

• *Vous aviez accepté cette traite et son échéance*	Avevate accettato questa tratta e la sua scadenza
• *Puisqu'il s'agit d'un effet muni de votre acceptation,...*	Poiché si tratta di un effetto che avevate accettato,...

C

• *Nous vous demandons de bien vouloir régler votre dette sans tarder*	Vi preghiamo di voler gentilmente saldare il Vostro debito senza ritardo
• *Nous vous serions reconnaissants de nous adresser au plus tôt cette somme*	Vi saremmo grati se voleste inviarci al più presto questo importo

D

• *Veuillez nous envoyer le solde de votre dette dans le plus bref délai. Si votre règlement ne nous parvient pas dans les quatre jours, nous chargerons notre service du contentieux du recouvrement de cette créance*	Vogliate inviarci il saldo del Vostro debito al più presto. Se questo non ci sarà pervenuto entro quattro giorni, incaricheremo il nostro ufficio insoluti del ricupero di questo credito
• *Au cas où votre dette ne serait pas réglée dans les cinq jours, nous serions obligés d'agir par voies légales*	Nel caso che il Vostro debito non sia pagato entro cinque giorni, saremmo obbligati a agire alle vie legali

RICHIESTA DI RINNOVO DI TRATTA

A riferimento alla tratta accettata (valore e scadenza)
B comunicazione dell'impossibilità di onorarla con motivazione
C richiesta di ritiro e di rinnovo
D speranza di una risposta positiva e ringraziamenti

Objet: demande de renouvellement de traite
Messieurs,
En date du 13/10 vous aviez tiré sur notre société une traite de 580,00 € au 15/11 en couverture de votre facture n° 247 du 10/10, que nous avions régulièrement signée et acceptée (**A**).
Cependant nous regrettons de vous informer qu'il nous sera impossible de faire face à ce paiement par suites de difficultés passagères de trésorerie, nos ventes ayant, actuellement, sensiblement diminué (**B**).

Nous vous serions très reconnaissants de retirer de la circulation la traite en question et de nous en présenter une nouvelle avec échéance au 15/1 (**C**). *Les frais de banque ainsi que les intérêts de retard seront à notre charge.*
Nous espérons que le caractère exceptionnel de cette requête et la régularité de nos paiements antérieurs vous inciteront à nous accorder ce délai.
Nous vous en remercions par avance (**D**) *et vous prions d'agréer, Messieurs, l'expression de nos sentiments les meilleurs.*

Oggetto: richiesta di rinnovo di tratta
Spettabile Ditta,
in data 13/10 **avevate spiccato su di noi una tratta del valore di** 580,00 € **al** 15/11 in pagamento della Vostra fattura n. 247 del 10/10, **che avevamo regolarmente firmato e accettato.**
Siamo però spiacenti di informarVi che ci troviamo nell'impossibilità di far fronte a questo pagamento, per una temporanea mancanza di liquidità dovuta ad una sensibile diminuzione delle vendite in questo periodo.
Vi saremmo grati se poteste richiamare questa tratta e presentarcene un'altra con scandenza 15/1, addebitandoci le spese bancarie e gli interessi di ritardo.
Speriamo che, data l'eccezionalità della richiesta e la regolarità dei nostri pagamenti precedenti, potrete darci una risposta positiva.
Vi ringraziamo anticipatamente e porgiamo i nostri migliori saluti.

Altre formule

A

- *Le 31 mars prochain vient à échéance la lettre de change de 389,30 € que...*

  Il 31 marzo prossimo scadrà la tratta di 389,30 €, che...

• *Nous venons de recevoir votre relevé de compte au 30 septembre s'élevant à 945,00 € et que nous devions régler par traite à 30 jours*	Abbiamo ricevuto il Vostro estratto conto al 30 settembre dell'importo di 945,00 €, che dovevamo saldare con tratta a 30 giorni

B

• *Je suis au regret de vous informer que je ne serai pas à même d'en assurer le règlement, à cause de la crise actuelle des affaires*	Sono spiacente di doverVi comunicare che non sarò in grado di assicurarne il pagamento, a causa dell'attuale momento di crisi
• *Or, en raison d'importants investissements, je me trouve dans l'impossibilité de payer...*	Ora, a causa di importanti investimenti, mi trovo nell'impossibilità di pagare...
• *Nous regrettons beaucoup de vous informer que des circonstances imprévues nous empêchent de faire face à cet engagement*	Siamo spiacenti di doverVi comunicare che circostanze impreviste ci impediscono di rispettare questo impegno

C

• *Je vous serais très reconnaissant de reporter au 30 avril l'échéance de cet effet, tous les frais de renouvellement étant, bien entendu, à ma charge*	Vi sarei grato di rinnovare al 30 aprile la scadenza di questo effetto, addebitandomi, ovviamente, tutte le spese
• *Vous nous rendriez donc un grand service, si vous consentiez à renouveler cet effet*	Ci fareste un grosso favore, se poteste rinnovare questo effetto per la fine del mese di

pour la fin du mois de décembre, en débitant notre compte des frais de banque et des intérêts de retard	dicembre, addebitandoci le spese bancarie e gli interessi di ritardo
• *Nous vous serions obligés si vous acceptiez de proroger de 45 jours la lettre de change qui vient à échéance le 15 avril*	Vi saremmo grati di voler prorogare di 45 giorni il nostro effetto scadente il 15 aprile

D

• *Nous espérons que la ponctualité habituelle de nos règlements vous permettra de donner une suite favorable à notre requête et nous vous en remercions*	Speriamo che la regolarità dei nostri pagamenti precedenti Vi consentirà di dare una risposta positiva alla nostra richiesta e Ve ne ringraziamo
• *Nous vous remercions par avance de la bienveillance avec laquelle vous examinerez notre requête, compte tenu de la régularité habituelle de nos paiements*	Vi ringraziamo anticipatamente della benevolenza con cui vorrete considerare la nostra richiesta, tenendo conto della precisione dei nostri pagamenti precedenti

SOLLECITO DI PAGAMENTO

A riferimento alla fattura o alla corrispondenza precedente
B segnalazione del mancato pagamento
C richiesta di pagamento in tono cortese (1° sollecito)
oppure
D richiesta di pagamento in tono meno conciliante, eventualmente con minaccia di ricorso alle vie legali (2° e 3° sollecito)

PRIMO SOLLECITO

Monsieur et Cher Client,
Nous nous permettons de rappeler à votre attention notre facture n° 1965 du 9/1 d'un montant de 426,50 € et dont l'échéance était prévue pour le 8/2 (**A**).
A ce jour, sauf erreur de notre part, nous n'avons pas trace de son règlement (**B**) *et vous demandons donc de bien vouloir faire le nécessaire* (**C**).
Au cas où, entre-temps, vous auriez transmis votre ordre de paiement, veuillez considérer ce rappel comme nul et non avenu.
En vous remerciant par avance, nous vous prions d'agréer, Monsieur et Cher Client, nos salutations les meilleures.

Caro Signore,
Le ricordiamo la nostra fattura n. 1965 **del** 9.1 dell'importo di 426,50 €, la cui scadenza era prevista per l'8.2.
A tutt'oggi, salvo errori da parte nostra, non abbiamo ancora registrato il suo pagamento e **La preghiamo di voler cortesemente provvedere.**
Se nel frattempo avesse già dato ordine di trasferirci detto importo, La preghiamo di non tener conto di questo sollecito.
RingraziandoLa anticipatamente, porgiamo con l'occasione i nostri più sinceri saluti.

SECONDO SOLLECITO

Objet: rappel de paiement
Messieurs,
Nous nous permettons d'attirer votre attention sur notre lettre du 14 mai, restée sans réponse (**A**).
En effet nous n'avons pas encore reçu à ce jour la somme de 754,00 € (**B**) *en règlement de notre relevé de compte du 30 avril.*
Nous espérons que vous voudrez bien solder votre dette dans les plus brefs délais par le moyen de votre

préférence (**D**) *et nous restons dans l'attente de votre confirmation.*
Veuillez agréer, Messieurs, l'expression de nos sentiments distinguées.

Oggetto: sollecito di pagamento
Egregi Signori,
ci permettiamo di attirare la Vostra attenzione sulla nostra lettera del 14 maggio, **rimasta senza risposta.**
Non abbiamo, infatti, ancora ricevuto la somma di 754,00 € relativa al pagamento del nostro estratto conto chiuso al 30 aprile.
Speriamo che vorrete provvedere al più presto a saldare questo debito secondo la modalità a Voi più gradita e restiamo in attesa della Vostra conferma.
Distinti saluti.

TERZO SOLLECITO

Messieurs,
C'est avec regret que nous constatons que, malgré nos différents rappels des 8 et 20 juin (**A**), *votre compte reste toujours débiteur de la somme de 575,00 €, correspondant à notre facture n° 1315 du 31 mars* (**B**).
En conséquence, nous vous accordons un dernier délai de 10 jours et en l'absence de tout paiement nous nous verrons dans l'obligation de transmettre votre dossier à notre service du contentieux, lequel se chargera du recouvrement de votre créance par voie de justice (**D**). *Les frais légaux encourus seront à votre charge et s'ajouteront au montant de votre dette.*
Nous espérons que vous ne nous obligerez pas à recourir à de tels moyens.
Agréez, Messieurs, nos salutations distinguées.

Egregi Signori,
siamo spiacenti di dover constatare che, malgrado i nostri solleciti dell'8 **e del** 20 giugno, **il Vostro conto resta sempre debitore della somma di** 575,00 €, corri-

spondenti alla nostra fattura n. 1315 del 31 marzo.
Di conseguenza, salvo pagamento entro un ultimo termine di 10 giorni, **saremo costretti a passare la Vostra pratica al nostro ufficio legale, che provvederà al ricupero del Vostro credito per via giudiziaria.**
Le spese legali conseguenti si aggiungeranno all'importo totale e saranno a Vostro carico.
Speriamo che non ci obbligherete a ricorrere a tali mezzi.
Distinti saluti.

Altre formule

A/B

• *En examinant nos livres, nous avons constaté que notre facture n°... du... est encore impayée*	Esaminando i nostri libri contabili, abbiamo notato che la nostra fattura n.... del... è tuttora scoperta
• *Je me permets de vous signaler que la facture n°... du... n'a pas encore été réglée*	Mi permetto di farLe notare che la fattura n.... del... non è ancora stata pagata
• *Je constate que ma facture n°... du... est échue depuis plus d'un mois*	Ho notato che la mia fattura n.... del... è scaduta da oltre un mese
• *Notre lettre du 12 février vous invitant à régler la facture n°... du... est restée sans réponse*	La nostra lettera del 12 febbraio che Vi invitava a pagare la fattura n.... del... è rimasta senza risposta
• *Nous sommes très surpris de n'avoir reçu aucune réponse à notre lettre du...*	Siamo molto sorpresi di non aver ricevuto alcuna risposta alla nostra lettera del...
• *Malgré nos lettres du... et du... notre facture n°... du... est encore impayée*	Malgrado le nostre lettere del... e del..., la nostra fattura n.... del... è tuttora scoperta

C

• *Vous avez dû oublier de vous acquitter de la somme indiquée. Nous vous serions reconnaissants de faire le nécessaire au plus tôt*	Avete probabilmente dimenticato di pagare la somma indicata. Vi saremmo grati di voler provvedere sollecitamente
• *Nous vous prions de bien vouloir régler la facture en suspens d'ici la fin du mois*	Vi preghiamo di voler saldare la fattura in sospeso entro la fine del mese

D

• *Si vous avez envoyé votre règlement, considérez cet appel comme nul et non avenu. Dans le cas contraire, nous vous saurions gré de vous en acquitter au plus tôt*	Se avete già provveduto al pagamento, vogliate non tener conto di questo sollecito. In caso contrario, Vi preghiamo di saldare il Vostro debito al più presto
• *Nous vous prions à nouveau de bien vouloir nous en faire parvenir le paiement d'ici une semaine*	Vi preghiamo nuovamente di farci pervenire questo pagamento tra una settimana
• *Nous vous informons que, sans réponse de votre part à la date du... nous agirons par voie de justice*	Vi informiamo che, senza risposta da parte Vostra entro il..., faremo ricorso alle vie legali per il ricupero del nostro credito
• *Si votre règlement ne me parvient pas dans les quatre jours, je me verrai contraint de procéder au recouvrement par voie de justice*	Se il Vostro pagamento non ci perverrà entro quattro giorni, ci vedremo costretti a adire alle vie legali per ricuperare quanto ci dovete

TERMINI UTILI

accreditare un importo su un conto	*créditer un compte d'un montant*
accreditare su un conto	*porter au crédit d'un compte*
addebitare un importo su un conto	*débiter un compte d'un montant*
adire alle vie legali	*avoir recours aux voies légales/recourir aux moyens légaux*
affidare una pratica	*confier un dossier*
l'assegno	*le chèque*
a mio carico, a Vostro carico	*à ma charge, à votre charge*
con scadenza	*à l'échéance du*
il controllo	*la vérification*
correggere	*rectifier*
il credito	*la créance*
debitamente firmato	*dûment signé*
il debito	*la dette*
dell'ammontare di/per un totale di	*se soldant par/s'élevant à*
domiciliato presso	*domicilié auprès de*
emettere un assegno	*tirer un chèque*
l'estratto conto chiuso al	*le relevé de compte arrêté au*
far fronte a un pagamento	*faire face à un paiement*
munito di accettazione	*muni/revêtu d'acceptation*
non tener conto di un sollecito	*considérer un rappel comme nul et non avenu*
il pagamento	*le règlement/le paiement*
in pagamento, a saldo di	*en paiement, règlement de*
prorogare di	*proroger de*
la regolarità/la puntualità dei pagamenti	*la régularité/la ponctualité des paiements*
ricuperare un credito per vie legali	*recouvrer une créance par voie de justice*
il ricupero	*le recouvrement*

rinnovare una tratta	*renouveler une traite*
riportare una somma	*reconduire une somme*
rispedire	*retourner/renvoyer*
sbarrato	*barré*
la scadenza	*l'échéance*
scadere il...	*venir à échéance le...*
il sollecito di pagamento	*le rappel de paiement*
spiccare una tratta su	*tirer une traite sur*
trasferire	*virer*
la tratta	*la traite/l'effet/la lettre de change*
una tratta di.. € al...	*une traite de... € au...*
l'ufficio contabilità	*le service comptable*
l'ufficio insoluti/ricupero crediti	*le service du contentieux*

RECLAMI

Possono essere scritti per motivi diversi. I più comuni sono:

- ritardo nella consegna
- merce danneggiata
- merce non soddisfacente per qualità
- merce non corrispondente all'ordine per tipo o quantitativo
- errori di fatturazione

Nella risposta, il venditore può riconoscere il torto e presentare le sue scuse (prima lettera modello) oppure, mettere in dubbio la sua responsabilità, imputando ad altri la colpa (seconda lettera modello).

RITARDO NELLA CONSEGNA

A riferimento all'ordine
B comunicazione del mancato arrivo della merce
C conseguenze negative del ritardo
D richiesta di consegna immediata
E minaccia di richiesta danni o annullamento dell'ordine

Objet: retard de livraison
Messieurs,
Nous faisons suite à notre commande n° 314 du 27 janvier (**A**). *La date de livraison étant échue depuis une semaine* (**B**) *nous sommes étonnés d'être sans nouvelles de votre part.*
Nous avons un besoin urgent de ces marchandises et votre retard nous cause un grave préjudice (**C**).
Veuillez donc procéder à une expédition immédiate (**D**).
Nous vous informons, en outre, que si les marchandises n'étaient pas en notre possession le 15 février, nous

serions en droit d'exiger réparation du préjudice subi (**E**).
Veuillez agréer, Messieurs, nos salutations distinguées.

Oggetto: ritardo di consegna
Facciamo seguito al nostro ordine n° 314 **del** 27 gennaio. **La data prevista per la consegna è passata da** una settimana e siamo sorpresi di non avere Vostre notizie.
Avendo urgentemente bisogno della merce, il Vostro ritardo ci causa un grave danno.
Vogliate quindi procedere ad una spedizione immediata.
Vi informiamo inoltre che, **se la merce non sarà in** nostro possesso il 15 febbraio, saremo in diritto di esigere riparazione del danno subito.
Distinti saluti.

Messieurs,
Le délai fixé dans notre commande n° 589 du 13 décembre (**A**) *est expiré depuis une semaine* (**B**) *et nous sommes surpris de n'avoir reçu aucun avis de livraison.*
Par conséquent, nous vous saurions gré de bien vouloir nous faire parvenir ces articles le 28 janvier au plus tard (**D**).
Nous attendons une réponse urgente par télex.
Si les marchandises nous parvenaient après cette date, nous nous trouverions dans l'obligation de refuser d'en prendre livraison (**E**).
Veuillez agréer, Messieurs, nos meilleures salutations.

Il termine di consegna fissato nel nostro ordine n° 589 **del** 13 dicembre **è scaduto da** una settimana e siamo sorpresi di non aver ancora ricevuto il Vostro avviso di spedizione.
Di conseguenza, **Vi saremmo grati di volerci inviare questi articoli al massimo il** 28 gennaio. Attendiamo risposta urgente per telex.

Se la merce fosse consegnata oltre questa data, saremo costretti a non accettarla.
Distinti saluti.

Altre formule

A

• *Nous nous référons à notre commande n° ... du...*	Ci riferiamo al nostro ordine n. ... del...

B

• *A ce jour, nous sommes très surpris de ne pas avoir reçu ces articles*	A tutt'oggi siamo molto sorpresi di non aver ancora ricevuto questi articoli
• *En date de ce jour, ces articles ne sont pas encore en notre possession*	In data odierna, questi articoli non sono ancora in nostro possesso
• *Nous sommes aujourd'hui le 14 et nous n'avons reçu ni la marchandise ni aucune explication de votre part*	Oggi è il 14 e non abbiamo ricevuto né la merce né una spiegazione da parte Vostra

C

• *Le moindre retard supplémentaire nous causerait un grave préjudice*	Il minimo ritardo supplementare ci causerebbe un serio danno
• *Nous avons pris des engagements envers nos clients, que nous ne pourrions pas respecter*	Abbiamo preso degli impegni con i nostri clienti, che non potremmo rispettare
• *Nous comptions sur votre envoi pour donner satisfaction à nos clients, notre stock étant épuisé*	Contavamo sulla Vostra spedizione per soddisfare i nostri clienti, essendo le nostre scorte esaurite

D

• *Nous vous demandons de respecter vos engagements et de nous livrer la marchandise d'ici le...*	Vi preghiamo di rispettare i Vostri impegni e di consegnarci la merce entro il...
• *Veuillez donc faire votre possible pour que nous soyons en possession de la marchandise d'ici le...*	Vogliate fare il possibile per metterci in possesso della merce entro il...
• *Nous vous mettons en demeure de nous livrer la marchandise avant le...*	Vi ingiungiamo di consegnarci la merce entro il...

E

• *Si le... nous n'avons pas reçu la marchandise, nous n'hésiterons pas à annuler notre commande*	Se il... non avremo ricevuto la merce, non esiteremo ad annullare il nostro ordine
• *, si non nous nous verrons dans l'obligation d'annuler notre commande*	..., altrimenti saremo costretti ad annullare il nostro ordine
• *Dans le cas contraire nous nous trouverons dans l'obligation de nous approvisionner ailleurs*	In caso contrario ci vedremo costretti a rifornirci altrove

RISPOSTA DEL VENDITORE

A riferimento alla corrispondenza precedente
B presentazione delle proprie scuse
C spiegazione della causa del ritardo
D comunicazione della data di spedizione

oppure

E rifiuto della responsabilità del ritardo

Monsieur,
Par votre lettre du 27 février (**A**) *vous nous signalez ne pas avoir reçu la livraison correspondant à la commande citée en référence.*
Veuillez nous excuser pour ce retard (**B**) *dû à des difficultés d'approvisionnement en laine auprès de nos propres fournisseurs* (**C**).
Notre stock étant maintenant reconstitué, nous procédons ce jour à l'expédition des tissus commandés (**D**).
Nous espérons que ce retard ne gênera pas trop vos activités et nous vous prions d'agréer, Monsieur, l'expression de nos sentiments dévoués.

Egregio Signore,
con **la Sua lettera del** 27 febbraio ci comunica di non aver ricevuto la merce relativa al Suo ordine citato in oggetto.
Voglia scusarci per questo ritardo dovuto a difficoltà di rifornimento di lana **presso i nostri fornitori.**
Avendo ora ricostituito le nostre scorte, **possiamo procedere** oggi stesso **alla spedizione dei** tessuti da Lei ordinati.
Speriamo che questo ritardo non La danneggerà troppo e porgiamo i nostri migliori saluti.

Messieurs,
Nous sommes fort surpris d'apprendre par votre lettre du 17 octobre (**A**) *que vous n'avez pas reçu la marchandise objet de votre commande n° 167 du 3 septembre.*
Nous avons immédiatement mené une enquête auprès de notre service expédition, qui nous confirme avoir régulièrement remis la caisse aux Messageries Ducot le 6 octobre.
Nous ne savons pas comment expliquer ce retard (**C**) *et nous allons adresser immédiatement une lettre au transporteur pour en connaître les causes* (**E**).
Nous espérons que ce retard ne vous gênera pas trop et vous prions de croire, Messieurs, à l'expression de nos sentiments dévoués.

Siamo sorpresi di apprendere dalla **Vostra lettera del** 17 ottobre che non avete ricevuto la merce oggetto del Vostro ordine n. 167 del 3 settembre.
Abbiamo immediatamente proceduto ad un controllo presso il nostro Ufficio spedizioni, che ci conferma aver regolarmente consegnato la cassa ai Trasporti Ducot il 6 ottobre.
Non sappiamo come spiegare questo ritardo e **invieremo immediatamente una lettera allo spedizioniere per conoscerne le cause.**
Speriamo che questo ritardo non Vi nuocerà troppo e Vi porgiamo i nostri più distinti saluti.

Altre formule

A

• *Nous avons pris bonne note de votre réclamation au sujet de la livraison de...*	Abbiamo preso nota del Vostro reclamo in merito alla consegna di...
• *Votre lettre du..., par laquelle vous nous informez..., nous a beaucoup surpris*	La Vostra lettera del... con la quale ci informate... ci ha molto sorpreso

B

• *Nous vous prions de nous excuser*	Vi preghiamo di scusarci
• *Nous espérons que vous voudrez bien nous excuser de ce contretemps*	Speriamo che vorrete perdonarci questo contrattempo
• *Nous espérons que vous comprendrez notre situation et que vous voudrez bien excuser cet incident,...*	Speriamo che capirete la nostra situazione e che vorrete scusare questo incidente,...
• *Nous espérons que cet incident ne nuira pas à nos bonnes relations*	Speriamo che questo incidente non nuocerà alle nostre buone relazioni

• *Nous vous prions de ne pas nous tenir rigueur de cet incident,...*	Ci auguriamo che potrete perdonare questo incidente,...

C

• *La fermeture annuelle de notre fournisseur de... a empêché notre approvisionnement*	La chiusura annuale del nostro fornitore di... ci ha impedito gli approvvigionamenti
• *... dû à une panne de machine sur la chaîne de fabrication*	... dovuto al guasto di una macchina sulla linea di produzione
• *La grève des transporteurs a retardé l'arrivée des matières premières nécessaires à la fabrication de vos articles*	Lo sciopero dei trasportatori ha ritardato l'arrivo delle materie prime necessarie alla fabbricazione dei Vostri articoli

D

• *Soyez certains que nous ferons tout le nécessaire pour que la marchandise vous soit livrée sous quinzaine*	Siate certi che faremo il necessario perché la merce Vi sia consegnata entro quindici giorni
• *C'est donc aux environs du... que vous recevrez la marchandise*	Riceverete quindi la merce verso il...
• *Leur livraison sera donc différée au...*	La consegna è quindi rimandata al...

E

• *Les colis que vous réclamez vous ont été expédiés par... le... et devraient être en votre possession*	I colli che reclamate Vi sono stati spediti a mezzo... il... e dovrebbero essere in Vostro possesso
• *C'est donc le transporteur qui est seul responsable du retard et nous vous conseillons d'adresser à lui votre réclamation*	Lo spedizioniere è quindi il solo responsabile del ritardo e Vi consigliamo di rivolgere a lui il Vostro reclamo

MERCE DANNEGGIATA

A riferimento alla merce ricevuta
B comunicazione del danno riscontrato
C proposta di soluzione

Messieurs,
Nous avons reçu aujourd'hui les 50 services à café en porcelaine faisant l'objet de notre commande n° 341 du 17 avril (**A**).
Lors du déballage, nous avons constaté que la marchandise avait été endommagée probablement au cours du transport: 15 tasses sont arrivées cassées (**B**). *L'emballage n'était pas de nature à protéger efficacement la marchandise.*
Nous vous demandons de bien vouloir procéder. dans les plus brefs délais, au remplacement des articles endommagés (**C**).
Nous espérons que vous reconnaîtrez le bien-fondé de notre réclamation et, dans l'attente de votre réponse, nous vous prions d'agréer, Messieurs, nos salutations distinguées.

Abbiamo ricevuto oggi i 50 servizi da caffè in porcellana **a fronte del nostro ordine n.** 341 **del** 17 aprile.
Nel disimballarli, **abbiamo riscontrato un danno** prodottosi probabilmente durante il trasporto: **15** tazze **sono giunte in frantumi**. L'imballaggio non era probabilmente adatto a proteggere efficacemente questo tipo di merce.
Vi preghiamo di voler procedere al più presto alla sostituzione degli articoli danneggiati.
Speriamo che riconoscerete la fondatezza del nostro reclamo e, in attesa di Vostro cortese riscontro, porgiamo i nostri migliori saluti.

Monsieur,
La marchandise faisant l'objet de ma commande n° 178 du 13 dernier m'est parvenue hier (**A**).
La vérification à laquelle j'ai procédé m'a permis de constater que plusieurs articles étaient endommagés: 3 sacs modèle Josiane et 2 sacs modèle Chantal présentent en effet des taches noires bien visibles (**B**).
Comme vous le savez, je ne traite que des articles de premier choix et il me serait très difficile d'écouler cette marchandise. Je vous serais donc reconnaissant de bien vouloir la reprendre et procéder immédiatement à un nouvel envoi (**C**).
J'espère que vous accueillerez favorablement cette réclamation et j'attends une confirmation de votre part.
Veuillez agréer, Monsieur, mes meilleures salutations.

Egregio Signore,
la merce relativa al mio ordine n. 178 **del** 13 ultimo scorso **mi è arrivata ieri.**
Da un controllo cui ho subito proceduto, ho rilevato che **parecchi articoli sono deteriorati:** 3 borse modello Josiane e 2 borse modello Chantal presentano infatti delle macchie nere ben visibili.
Trattando solo articoli di prima scelta, come Lei ben sa, mi sarebbe molto difficile vendere questa merce, e **Le sarei grato di volerla ritirare e procedere immediatamente a una nuova spedizione.**
Spero che accoglierà favorevolmente questo reclamo e attendo conferma.
Cordiali saluti.

Altre formule

A

• *Après vérification de la marchandise correspondant à notre commande n° ... du...*	Dopo aver controllato la merce relativa al nostro ordine n. ... del...

• *Je viens de prendre livraison de la marchandise faisant l'objet de ma commande n^{o} ... du...*	La merce a fronte del mio ordine n. ... del... mi è stata appena consegnata

B

• *..., nous avons constaté que les articles réf. ... sont arrivés endommagés*	Abbiamo constatato che gli articoli cod. ... sono arrivati rovinati
• *La marchandise que... nous est parvenue en mauvais état*	La merce che... ci è arrivata in cattive condizioni
• *Les articles réf. ... sont parvenus endommagés, à cause d'un emballage insuffisant*	Gli articoli cod. ... sono arrivati danneggiati a causa dell'imballaggio insufficiente

C

• *Je vous serais reconnaissant de remplacer immédiatement les articles défectueux en question*	Vi sarei grato di sostituire immediatamente gli articoli difettosi in oggetto
• *Nous vous saurions gré de déduire la valeur des articles endommagés, soit 150,00 €, du montant de la facture*	Vi saremmo riconoscenti di dedurre dalla fattura il valore degli articoli danneggiati, cioè 150,00 €
• *Puisqu'il me serait impossible d'écouler la marchandise dans ces conditions, je dois vous demander de la remplacer dans les plus brefs délais*	Poiché mi sarebbe impossibile vendere la merce in queste condizioni, devo chiederVi di sostituirla nel più breve tempo

RISPOSTA DEL VENDITORE

A riferimento al reclamo
B assunzione di responsabilità
C comunicazione della decisione presa
D presentazione delle proprie scuse
oppure
E rifiuto della responsabilità del danno con motivazione
F speranza di rapida soluzione e di proseguimento dei buoni rapporti

Messieurs,
Nous sommes au regret d'apprendre que la machine réf. 304 que nous vous avons expédiée le 13 novembre dernier vous est parvenue en mauvais état (**A**).
Il est probable que l'emballage n'était pas adéquat (**B**) *et que les diverses manipulations dont notre envoi a été l'objet après son départ de notre usine ont fini par provoquer la rupture d'un des éléments.*
Nous allons demander aujourd'hui même à notre agent régional de passer d'urgence à vos bureaux pour procéder sur place et à nos frais à la remise en état de ladite machine (**C**).
Nous espérons ainsi que vous n'aurez pas à souffrir de cet incident (**D**) *et nous vous prions d'agréer, Messieurs, l'expression de nos sentiments dévoués.*

Siamo spiacenti di apprendere che la macchina cod. 304 che Vi abbiamo spedito il 13 novembre scorso Vi sia arrivata in cattive condizioni.
Probabilmente l'imballaggio non era sufficiente e le diverse manipolazioni che la nostra spedizione ha subito dopo la partenza dalla nostra fabbrica hanno finito per rompere uno degli elementi.
Chiederemo oggi stesso al nostro agente nella Vostra regione di passare dai Vostri uffici per **procedere sul posto e a nostre spese alla riparazione della macchina in questione.**
Speriamo che questo incidente non Vi creerà grossi problemi e porgiamo con l'occasione i nostri più distinti saluti.

Messieurs,
Par votre lettre du 10 octobre nous avons appris avec surprise que notre expédition du 30 septembre vous est arrivée en mauvais état (**A**).
Nous sommes certains de l'efficacité de nos emballages (**E**)*, que nous utilisons depuis plusieurs années et tenons à vous préciser que tous nos envois sont soumis à un contrôle rigoureux avant le départ* (**E**).
Nous ne pouvons donc être considérés responsables (**E**). *Nous espérons que vous aurez formulé les réserves d'usage au moment de la réception de la marchandise et que vous serez dédommagés par le transporteur* (**F**).
Dans l'espoir que vous continuerez à nous accorder votre confiance (**F**)*, nous vous prions d'agréer, Messieurs nos salutations les meilleures.*

Siamo molto sorpresi di leggere nella Vostra lettera del 10 ottobre **che** la nostra spedizione del 30 settembre Vi è giunta in cattivo stato.
Siamo convinti dell'efficacia dei nostri imballaggi, che utilizziamo da parecchi anni e teniamo a precisarVi che **tutte le nostre spedizioni sono sottoposte a rigorosi controlli prima della partenza.**
Non possiamo quindi essere considerati responsabili. Speriamo che avrete emesso le riserve d'uso al momento del ricevimento della merce e **che sarete indennizzati dal trasportatore.**
Con la speranza che continuerete ad accordarci la Vostra fiducia, distintamente Vi salutiamo.

Altre formule

A

- *Nous sommes surpris d'apprendre qu'une partie de la marchandise vous est arrivée endommagée* — Siamo sorpresi di apprendere che una parte della merce è arrivata avariata

• *Par votre lettre du... vous nous informez que les articles... ont été endommagés pendant leur transport*	Con la Vs. lettera del... ci informate che gli articoli... sono stati danneggiati durante la spedizione

B

• *Nous devons reconnaître que vos observations sont parfaitement justifiées*	Dobbiamo riconoscere che le Vostre osservazioni sono perfettamente giustificate
• *Nous reconnaissons le bien-fondé de votre réclamation*	Riconosciamo la fondatezza del Vostro reclamo
• *Votre réclamation est parfaitement justifiée*	Il Vostro reclamo è perfettamente giustificato

C

• *Nous nous empressons de vous faire parvenir cette semaine les articles en remplacement*	Ci affrettiamo a spedirVi questa settimana gli articoli in sostituzione
• *Nous avons donné des instructions à notre Service expédition afin que vous puissiez recevoir au plus tôt franco de port et d'emballage les pièces èn remplacement*	Abbiamo dato disposizioni al nostro ufficio spedizioni affinché possiate ricevere al più presto in porto franco i pezzi in sostituzione
• *Nous acceptons votre proposition et portons à votre crédit la valeur des articles endommagés, soit 210,00 €*	Accettiamo la Vostra proposta e portiamo a Vostro credito il valore degli articoli danneggiati, e cioè 210,00 €

D

(vedi pag. 103)

E

• *Le dommage ne peut pas être imputable à notre service d'expédition*	L'avaria non può essere imputabile al nostro ufficio spedizioni
• *Nous sommes persuadés que les dommages sont imputables à de mauvaises conditions de transport*	Siamo certi che i danni si sono verificati a causa delle cattive condizioni di trasporto
• *Nous déclinons donc toute responsabilité*	Decliniamo qualsiasi responsabilità

F

• *Nous espérons que cet incident, qui nous contrarie autant que vous, se réglera à votre entière satisfaction*	Speriamo che questo incidente, che ci dispiace quanto a Voi, si risolverà con Vostra piena soddisfazione
• *Nous souhaitons que ce contretemps ne soit en aucune façon préjudiciable à nos bonnes relations*	Ci auguriamo che questo contrattempo non nuocia in alcun modo ai nostri buoni rapporti

MERCE NON SODDISFACENTE PER QUALITÀ

A riferimento alla merce ricevuta
B comunicazione della differenza di qualità riscontrata
C proposta di soluzione

Messieurs,
Nous venons de recevoir les 100 tronçonneuses que vous nous avez envoyées le 25 dernier (**A**).
Au contrôle, nous avons eu la surprise de constater qu'une partie de la marchandise était défectueuse: en effet la lame inférieure de 32 de ces articles présente un vice de fabrication qui empêche une coupe régulière (**B**).

Etant donné que cette marchandise est invendable, nous la gardons à votre disposition et vous demandons une nouvelle livraison immédiate (**C**).
Nous espérons qu'un tel incident ne se reproduira plus à l'avenir et restons dans l'attente d'une réponse urgente de votre part.
Veuillez agréer, Messieurs nos salutations distinguées.

Le 100 cesoie **che ci avete inviato il** 25 scorso **ci sono arrivate oggi.**
Nel controllarle, abbiamo avuto la sorpresa di constatare che **una parte della merce era difettosa:** infatti in 32 articoli la lama inferiore presenta un difetto di fabbricazione che impedisce un taglio regolare.
Dato che questa merce è invendibile, **la teniamo a Vostra disposizione e Vi chiediamo una nuova consegna immediata.**
Speriamo che incidenti di questo genere non si ripeteranno più e restiamo in attesa di una risposta urgente da parte Vostra.
Distinti saluti.

Messieurs,
Nous venons de prendre livraison de la marchandise faisant l'objet de notre commande n° 490 du 15 décembre (**A**).
En procédant à la vérification, nous avons constaté que les 150 chemisiers en coton réf. 34D que vous nous avez expédiés ne sont pas conformes aux échantillons proposés: ils sont d'une qualité visiblement inférieure (**B**).
Toutefois, pour éviter de vous renvoyer cette marchandise, nous serions disposés à la garder, si vous nous accordiez un rabais de 30% (**C**).
Dans le cas contraire, nous vous prions de la reprendre à vos frais et de nous adresser au plus tôt les chemisiers que nous avions commandés.
Nous attendons votre décision par retour du courrier et vous prions d'agréer, Messieurs, nos salutations distinguées.

Abbiamo ricevuto la merce a fronte del nostro ordine n. 4990 **del** 15 dicembre e, da un controllo, abbiamo riscontrato che **le** 150 camicette in cotone cod. 34D che ci avete spedito **non sono conformi ai campioni sottopostici:** sono bensì di una qualità visibilmente inferiore.
Tuttavia, per evitare di ritornarVi questa merce, **saremmo disposti a tenerla, se ci concederete uno sconto del** 30%.
In caso contrario, vogliate riprenderla a Vostre spese e farci avere al più presto le camicette che avevamo ordinato.
Attendiamo la Vostra decisione a stretto giro di posta e porgiamo i nostri migliori saluti.

Altre formule

A

(vedi pag. 106)

B

• *Un des cinq appareils livrés ne nous donne pas entière satisfaction*	Uno dei cinque apparecchi consegnati non funziona perfettamente
• *La qualité est inférieure à celle des échantillons que vous nous aviez expédiés*	La qualità è inferiore a quella dei campioni che ci avevate spedito
• *Les caractéristiques des articles reçus ne correspondent pas aux échantillons que vous nous avez présentés*	Le caratteristiche degli articoli ricevuti non corrispondono a quelle dei campioni che ci avete presentato
• *Je regrette de vous informer que vous ne m'avez pas livré la qualité habituelle, mais une qualité nettement inférieure*	Sono spiacente di informarVi che mi avete consegnato una qualità diversa da quella solita, cioè una qualità nettamente inferiore

C

• *En conséquence, nous vous demandons de bien vouloir remplacer les articles défectueux*	Di conseguenza, Vi chiediamo di procedere alla sostituzione degli articoli difettosi
• *Je garde cette marchandise à votre disposition et j'attends vos instructions*	Conservo questa merce a Vostra disposizione e attendo Vostre istruzioni
• *Je vous serais reconnaissant de remplacer immédiatement les articles défectueux*	Vi sarei grato di voler sostituire immediatamente gli articoli difettosi
• *Nous vous saurions gré de bien vouloir déduire 800 F du montant de la facture*	Vi saremmo grati di voler dedurre 800 F dall'importo della fattura

RISPOSTA DEL VENDITORE

A riferimento al reclamo
B assunzione di responsabilità
C comunicazione della decisione presa
D presentazione delle proprie scuse
oppure
E dubbi sull'attribuzione della responsabilità

Messieurs,
Nous venons de recevoir votre lettre du 4 novembre (**A**) *et nous nous empressons de vous faire savoir que votre réclamation est tout à fait justifiée: en effet, les pièces que vous nous avez renvoyées et que nos techniciens ont examinées présentent un défaut de fabrication* (**B**).
Nous ne savons pas comment expliquer cette anomalie, qui se produit d'ailleurs pour la première fois, et nous vous assurons qu'un contrôle encore plus strict évitera à l'avenir toute possibilité d'erreur.
Notre service expédition s'est déjà occupé du

remplacement des pièces défectueuses (**C**).
Dans l'espoir que vous ne nous tiendrez pas rigueur de cet incident (**D**), *nous vous prions d'agréer, Messieurs l'expression de nos sentiments dévoués.*

Abbiamo appena ricevuto la Vostra lettera del 4 novembre e ci affrettiamo a comunicarVi che **il Vostro reclamo è perfettamente fondato:** in effetti, i pezzi che ci avete rispedito e che i nostri tecnici hanno esaminato, presentano un difetto di fabbricazione.
Non sappiamo come spiegare questa anomalia, che si verifica, del resto, per la prima volta e Vi assicuriamo che un controllo ancora più rigoroso eviterà in futuro qualsiasi possibilità di errore.
Il nostro Reparto spedizioni ha già provveduto a sostituire i pezzi difettosi.
Speriamo che vorrete dimenticare questo incidente e porgiamo con l'occasione i nostri più distinti saluti.

Monsieur,
Votre lettre du 5 avril nous est bien parvenue (**A**) *et a retenu toute notre attention.*
Nous sommes surpris d'apprendre que notre tour SF 540 présente des défauts de fonctionnement, étant donné que toutes nos machines sont soumises à des contrôles méticuleux avant l'expédition (**E**).
Toutefois, puisqu'il s'agit peut-être d'une mauvaise mise au point de l'appareil, un de nos techniciens sera chez vous lundi prochain dans la matinée (**C**) *et nous sommes sûrs qu'il pourra résoudre rapidement le problème.*
Recevez, Monsieur, avec toutes nos excuses (**D**), *nos salutations distinguées.*

Egregio Signore,
abbiamo letto con attenzione la Sua lettera del 5 aprile.
Siamo stupiti di apprendere che il nostro tornio SF 540 presenta dei difetti di funzionamento, dato che **tutte le nostre macchine sono sottoposte a dei controlli meticolosi prima della spedizione.**

Tuttavia, poiché si può trattare di una messa a punto difettosa dell'apparecchio, **un nostro tecnico sarà da Lei** lunedì in mattinata e siamo sicuri che potrà risolvere rapidamente il problema.
Ci scusiamo per il disagio e porgiamo i nostri migliori saluti.

Altre formule

A

• *Nous regrettons que notre envoi du... ne vous donne pas satisfaction*	Siamo spiacenti che la nostra consegna non sia di Vostra soddisfazione
• *Votre lettre du..., nous informant de la mauvaise qualité de notre marchandise, nous a surpris*	La Vostra lettera del..., che ci informa della qualità scadente della nostra merce, ci ha sorpreso

B

(vedi pag. 110)

C

• *Nous nous empressons de vous accorder le rabais de 35% que vous avez demandé sur le montant de la facture correspondante*	Ci affrettiamo ad accordarVi la riduzione del 35% che avete chiesto sull'importo della relativa fattura
• *Nous sommes d'accord avec votre proposition et avons reporté à votre crédit la différence, soit ... €*	Siamo d'accordo con la Vostra proposta e abbiamo registrato a Vostro credito la differenza, e cioè ... €
• *Nous sommes disposés à reprendre l'envoi en question et à le remplacer sous huitaine*	Siamo disposti a ritirare la consegna in questione e a sostituirla entro 8 giorni

D

(vedi pag. 103)

E

- *Nous tenons à vous préciser que la qualité de la marchandise est dans les limites standard* — Teniamo a precisare che la qualità della merce è nei limiti della norma

MERCE NON CORRISPONDENTE ALL'ORDINE PER TIPO O QUANTITATIVO

A riferimento alla merce ricevuta
B comunicazione della differenza riscontrata
C proposta di soluzione

Messieurs,
Faisant suite à notre conversation téléphonique de ce matin au sujet de votre envoi du 14 mars (**A**), *nous vous confirmons que nous avons reçu 1000 poupées modèle Elisa, au lieu des 1000 poupées modèle Fanny que nous avions commandées* (**B**).
Etant donné que nous avons un besoin urgent des poupées demandées, veuillez avoir l'obligeance de nous les envoyer le plus rapidement possible (**C**).
Nous gardons à votre disposition les poupées Elisa et attendons vos instructions.
Veuillez agréer, Messieurs, nos salutations distinguées.

Con riferimento alla nostra conversazione telefonica di stamattina **in merito alla Vostra spedizione del** 14 marzo, Vi confermiamo che **abbiamo ricevuto** 1000 bambole modello Elisa **invece delle** 1000 bambole modello Fanny che avevamo ordinato.
Dato che abbiamo urgentemente bisogno delle bambole richieste, **Vi preghiamo di volercele inviare il più presto possibile.**
Teniamo a Vostra disposizione le bambole Elisa e aspettiamo istruzioni.
Distinti saluti.

Messieurs,
Nous venons de recevoir la marchandise faisant l'objet de votre facture nº 1578 du mars (**A**).
Au déballage, nous avons toutefois constaté qu'un des cartons ne contenait que 25 paires de chaussures réf. 298 BA, au lieu des 35 que nous avions commandées (**B**).
Une erreur s'est probablement produite lors de l'expédition.
Les articles manquants étant facturés, nous vous prions de nous les expédier dans les plus brefs délais (**C**).
Nous espérons que vos contrôles vous permettront de reconnaître le bien-fondé de notre réclamation et attendons votre confirmation par télex.
Veuillez agréer, Messieurs, nos salutations distinguées.

Abbiamo ricevuto la merce a fronte della Vostra fattura n. 1578 **del** 28 marzo.
Aprendo i cartoni, ci siamo però accorti che uno di essi conteneva solo 25 paia di scarpe cod. 298 BA, **anziché** 35, **come avevamo ordinato.**
Si tratta probabilmente di un errore verificatosi al momento della spedizione.
Dato comunque che gli articoli mancanti sono già in fattura, **Vi preghiamo di farceli avere sollecitamente.**
Certi che i Vostri controlli Vi permetteranno di riconoscere la fondatezza del nostro reclamo, restiamo in attesa di Vostra conferma per telex e distintamente Vi salutiamo.

Altre formule

A

(vedi pag. 106)

B

• *Après avoir examiné la marchandise, nous avons constaté que les articles ne correspondaient pas à ceux que nous avions commandés*	Dopo aver esaminato la merce, abbiamo constatato che gli articoli non corrispondono a quelli da noi ordinati
• *A notre grand regret, nous devons vous informer que nous avons reçu l'article 127/15, et non l'article 172/15 que nous attendions*	Con nostro rincrescimento, dobbiamo informarVi che abbiamo ricevuto l'articolo 127/15 e non il 172/15 che aspettavamo
• *J'ai constaté avec surprise qu'il manquait 30...*	Ho notato con sorpresa che mancavano 30...
• *A la vérification, nous avons remarqué que le tissu/la taille/le coloris ne correspond pas aux échantillons en notre possession*	Al controllo, abbiamo verificato che il tessuto/la taglia/il colore non corrisponde ai campioni in nostro possesso

C

• *Ne pouvant utiliser les articles en question, nous vous les renvoyons ce jour même par les Messageries...*	Non potendo utilizzare gli articoli in questione, Ve li rispediamo oggi stesso con le Spedizioni...
• *Nous pourrions éventuellement garder ce surplus de marchandise, si vous nous accordiez un rabais de 5%*	Potremmo eventualmente tenere questo supplemento di merce, se ci condederete una riduzione del 5%
• *Comme les articles manquants ont déjà été facturés, nous comptons sur une livraison immédiate*	Dato che gli articoli mancanti sono già stati fatturati, contiamo su una consegna immediata

• *Par conséquent, nous vous demandons de procéder à un échange de ces marchandises dans les plus brefs délais, afin que notre clientèle n'ait pas à en souffrir*	Di conseguenza, Vi chiediamo di procedere ad uno scambio merce il più sollecitamente possibile, perché la nostra clientela non abbia a risentirne

RISPOSTA DEL VENDITORE

A riferimento al reclamo
B assunzione di responsabilità
C comunicazione della decisione presa
D presentazione delle proprie scuse
oppure
E dubbi sull'attribuzione della responsabilità

Monsieur,
Nous avons reçu hier votre lettre du 15 octobre (**A**) *et nous avons immédiatement procédé à une enquête.*
Il en ressort que votre réclamation est parfaitement fondée (**B**)*: votre ordre a été exécuté par un nouveau commis qui a confondu la référence 1001 avec la 1010.*
Les qualités de ces deux articles n'étant pas les mêmes, nous vous proposons de nous retourner ces articles en échange des articles réf. 1010. Si, malgré tout, vous décidiez de les garder, nous rectifierions notre facture et vous accorderions un rabais spécial de 3% (**C**).
Nous espérons que vous voudrez bien excuser cette erreur de notre part (**D**) *et, dans l'attente de votre décision, nous vous prions de croire, Monsieur, à l'expression de nos sentiments dévoués.*

Egregio Signore,
abbiamo ricevuto ieri la Vs. lettera del 15 ottobre e proceduto immediatamente ad un'inchiesta.

Ne risulta che **il Vostro reclamo è perfettamente giustificato**: il Vostro ordine è infatti stato eseguito da un nuovo impiegato, che ha confuso il codice 1001 con il 1010.
Data la differenza di qualità, **Vi proponiamo di rispedirci questi articoli, in cambio di quelli codice** 1010.
Se poi, malgrado tutto, deciderete di tenerli, correggeremo la nostra fattura concedendoVi uno sconto speciale del 3%.
Speriamo che vorrete scusare questa negligenza e, in attesa della Vostra decisione, porgiamo i nostri migliori saluti.

Monsieur,
Vous nous informez par votre lettre du 27 janvier que notre dernière livraison ne vous a pas satisfait (**A**).
Nous en sommes surpris, car nous étions certains de vous avoir expédié les articles réf. ..., taille... conformément à votre commande (**E**).
Cependant, comme une erreur est toujours possible, notre représentant passera chez vous la semaine prochaine afin d'examiner la marchandise object du litige et de vous proposer éventuellement une solution à votre convenance (**C**).
En attendant, veuillez agréer, Monsieur, nos cordiales salutations.

Egregio Signore,
abbiamo appreso dalla Sua lettera del 27 gennaio che non è soddisfatto della nostra ultima spedizione.
Ne siamo molto sorpresi, perché **eravamo certi di averLe inviato gli articoli cod...** taglia... **che ci aveva richiesto.**
Tuttavia, siccome una confusione è sempre possibile, **il nostro rappresentante passerà da Lei** la settimana prossima **per esaminare la merce in discussione** e per proporLe eventualmente una soluzione di Suo gradimento.
Nell'attesa voglia gradire i nostri più cordiali saluti.

Altre formule

A

• *Nous avons examiné la réclamation que vous nous avez adressée par votre lettre du... au sujet de notre dernier envoi...*	Abbiamo esaminato il reclamo che ci avete inviato con la Vs. lettera del... in merito alla nostra ultima spedizione
• *Suite à votre lettre du... nous informant du manquant de notre dernier envoi...*	Facciamo seguito alla Vs. lettera del... che ci informava che la nostra ultima spedizione era incompleta
• *Nous venons de recevoir votre lettre du..., par laquelle vous nous signalez avoir reçu... au lieu de...*	Abbiamo appena ricevuto la Vs. lettera del... con la quale ci segnalate di aver ricevuto... invece di...

B

(vedi pag. 110)

C

• *Seriez-vous intéressé par ces produits? Dans l'affirmative, pouvez-vous nous le faire savoir par retour du courrier? Nous espérons que cette proposition vous conviendra*	Sareste interessati a questi prodotti? In caso affermativo, potete farcelo sapere a giro di posta? Speriamo che la nostra proposta Vi interessi
• *Nous faisons immédiatement le nécessaire pour vous faire parvenir au plus tôt, franco de port, les articles manquants*	Facciamo immediatamente il necessario per farVi arrivare al più presto in porto franco gli articoli mancanti

• *Quant aux articles qui vous ont été livrés par erreur, vous pouvez les remettre à notre représentant lors de son prochain passage*	Per quanto riguarda gli articoli che Vi sono stati consegnati per errore, potete consegnarli al nostro rappresentante alla prima occasione
• *Nous sommes disposés à vous accorder le rabais de 5% que vous nous avez proposé*	Siamo disposti a concederVi la riduzione del 5% che ci avete proposto
• *Nous vous proposons de classer la marchandise comme deuxième choix et de vous accorder, exceptionnellement, un rabais de 3%*	Vi proponiamo di considerare la merce come seconda scelta e Vi concediamo in via eccezionale uno sconto del 3%

D

(vedi pag. 103)

E

• *L'enquête menée auprès de notre service expédition ne nous permet pas de déceler les causes de cet incident*	L'inchiesta condotta presso il nostro reparto spedizioni non ci ha permesso di risalire alle cause di questo incidente
• *Nous tenons à préciser que la marchandise est conforme à l'échantillon que nous vous avions envoyé*	Teniamo a precisare che la merce è conforme al campione che Vi avevamo inviato
• *La S.N.C.F. est seule responsable du manquant que vous signalez et c'est à elle que vous devez adresser votre réclamation*	La S.N.C.F è sola responsabile della mancanza di parte della merce che segnalate ed è a lei che dovete indirizzare il Vostro reclamo

ERRORI DI FATTURAZIONE

A riferimento alla fattura
B comunicazione degli errori riscontrati
C richiesta di regolarizzazione

Monsieur,
Nous avons bien reçu vos fourrures faisant l'objet de notre commande n° 870 et nous les avons trouvées conformes à notre attente.
Cependant nous avons des réserves à faire en ce qui concerne la facture correspondante n° 1723 (**A**).
En effet, les 5 fourrures renard réf ay 378 ont été facturées à un prix supérieur à celui qui avait été convenu, soit 557,00 € au lieu de 525,00 € (**B**).
Nous croyons que cette erreur est due à une inadvertance de votre service de comptabilité et vous prions de nous envoyer une facture rectifiée (**C**), *que nous réglerons dès réception.*
Merci d'avance.
Agréer, Monsieur, nos salutations.

Egregio Signore,
abbiamo ricevuto le pellicce a fronte del nostro ordine n. 870 e le abbiamo trovate conformi alle nostre aspettative.
Abbiamo tuttavia **delle riserve da fare riguardo alla stesura della relativa fattura n.** 1723.
Infatti **le** 5 pellicce di volpe codice ay 378 **sono state fatturate a un prezzo superiore a quello convenuto**, e **cioè** 557,00 € **anziché** 525,00 €.
Siamo certi che questo errore sia dovuto ad una svista del Suo ufficio contabilità e **La preghiamo di inviarci cortesemente una fattura corretta**, che pagheremo al ricevimento.
La ringraziamo anticipatamente.
Cordiali saluti.

Messieurs,
Nous venons de recevoir votre facture n° *1025 du 30 octobre* (**A**) *et, après vérification, nous avons constaté avec surprise que vous nous avez débité 97,50 € de frais de transport* (**B**)*, alors que vous nous aviez accordé par votre lettre du 15 juin une livraison franco de port.*
Nous vous demandons de bien vouloir vérifier et de nous établir un avoir pour les frais débités (**C**).
A réception de ce document rectificatif, nous nous empresserons de régler le montant de notre dette.
Veuillez agréer, Messieurs, avec nos remerciements, nos salutations distinguées.

Abbiamo ricevuto la Vostra fattura n. 1025 **del** 30 ottobre e ad un controllo abbiamo constatato con sorpresa che **ci avete addebitato** 97,50 € **di spese di trasporto**, mentre ci avevate concesso con la Vostra lettera del 15 giugno la spedizione in porto franco.
Vi preghiamo di voler verificare e **di inviarci una fattura per le spese addebitate.**
Al ricevimento di questo documento rettificativo, ci affretteremo a saldare l'importo netto dovuto.
Ringraziamo anticipatamente e porgiamo i nostri più distinti saluti.

Altre formule

A

• *Nous accusons réception de votre facture n° ... du...*	Accusiamo ricevuta della Vs. fattura n. ... del...
• *En examinant votre facture n° ... du...*	Esaminando la Vs. fattura n. ... del...
• *Votre facture n° ... du... nous a surpris*	La Vostra fattura n. ... del... ci ha sorpreso
• *Nous recevons ce jour votre facture n° ... du...*	Riceviamo oggi la Vostra fattura n. ... del...

B

• *Nous ne comprenons pas votre facturation des frais de port, alors que la commande était entendue franco domicile*	Non comprendiamo perché avete fatturato le spese di trasporto, dato che l'ordine era inteso franco destino
• *Cette facture ne tient pas compte de la remise exceptionnelle de 3% que votre représentant m'avait accordée à l'occasion de la Foire de Paris*	Questa fattura non tiene conto dello sconto speciale del 3% che il Vostro rappresentante mi aveva concesso in occasione della Fiera di Parigi
• *Nous avons relevé une erreur relative à l'échéance qui avait été fixée au 30 avril, et non au 30 mars*	Abbiamo riscontrato un errore relativo alla scadenza, che era stata fissata al 30 aprile e non al 30 marzo
• *Vous n'avez pas pratiqué la remise de 10% prévue pour les commandes supérieures à 5 000,00 €*	Non avete applicato lo sconto del 10% previsto per gli ordini superiori a 5 000,00 €
• *Vous avez facturé 98 pièces de l'article... au lieu de 89. La différence qui en résulte est de ... €*	Avete fatturato 98 pezzi dell'articolo... invece di 89. La differenza che ne risulta è di ... €

C

• *Nous vous retournons ci-joint la facture erronée que vous voudrez bien rectifier*	Vi rispediamo qui allegata la fattura sbagliata che Vi preghiamo di rettificare
• *Nous vous prions de faire rapidement le nécessaire afin que nous puissions effectuer le règlement*	Vi preghiamo di provvedere rapidamente affinché possiamo effettuare il pagamento

- *Nous vous prions de nous établir une facture d'avoir* — Vi preghiamo di inviarci una nota di accredito

RISPOSTA DEL VENDITORE

A riferimento al reclamo
B ammissione all'errore e presentazione delle proprie scuse
C comunicazione della decisione presa
oppure
D spiegazione delle diversità nella fatturazione

Messieurs,
Nous accusons réception de votre lettre du 4 juin (**A**) *et vous prions vivement de nous excuser de l'erreur involontaire qui s'est glissée dans la rédaction de votre facture n° 2301 du 20 mai* (**B**).
Nous nous empressons de vous envoyer ci-joint une facture rectifiée qui annule la précédente (**C**).
Veuillez agréer, Messieurs, l'expression de nos sentiments les meilleurs.

Facciamo riferimento alla Vostra lettera del 4 giugno e **Vi preghiamo vivamente di scusarci per l'errore involontario che ci è sfuggito nella redazione della vostra fattura** n. 2301 del 20 maggio.
Ci affrettiamo ad inviarVi qui allegata una fattura corretta che annulla la precedente.
Porgiamo con l'occasione i nostri migliori saluti.

Monsieur et Cher Client,
Nous avons pris connaissance de votre lettre du 13 avril (**A**) *et nous regrettons de ne pouvoir donner suite à votre réclamation relative à la facturation des frais de transport.*
Nous vous rappelons en effet nos accords du 14 décembre, spécifiés dans notre lettre du 19 décembre, qui prévoyaient le transport en port dû ainsi qu'un

escompte spécial de 6% pour paiement au comptant (**D**).
Nous vous adressons ci-joint une copie de cette lettre et, sûrs de votre accord, nous vous prions de croire, Monsieur et Cher Client, à l'expression de nos sentiments dévoués.

Egregio Signore,
abbiamo preso nota della Sua lettera del 13 aprile e siamo spiacenti di non poter dar seguito al Suo reclamo relativo alla fatturazione delle spese di trasporto.
Le ricordiamo, infatti, **i nostri accordi del** 14 dicembre, **riassunti nella nostra lettera del** 19 dicembre, **che prevedevano** il trasporto in porto assegnato e uno sconto speciale del 6% per pagamento in contanti.
Alleghiamo una copia della nostra lettera e, certi del Suo accordo, porgiamo i nostri più cordiali saluti.

Altre formule

A

• *Nous accusons réception de votre lettre du... qui nous informe d'une erreur dans notre facture n° ... du...*	Abbiamo ricevuto la Vs. lettera del... che ci informa di un errore nella nostra fattura n. ... del...
• *Nous avons examiné la réclamation que vous nous avez adressée par votre lettre... du... au sujet de notre facture n° ... du...*	Abbiamo esaminato il reclamo che ci avete indirizzato con la Vostra lettera del... in merito alla nostra fattura n. ... del...

B

• *Veuillez excuser cette erreur due à une méprise d'un de nos employés*	Vogliate scusare questo errore dovuto a una svista di un nostro impiegato
• *Nous vous prions de nous excuser de cet oubli*	Vi preghiamo di scusare questa dimenticanza

C

- *Nous vous adressons ci-joint une facture rectifiée tenant compte de votre remise de 10%. La facture précédente sera considérée comme nulle et non avenue*

  Vi trasmettiamo in allegato una fattura corretta che tiene conto del Vostro sconto del 10%. La fattura precedente sarà considerata come nulla

- *Nous allons régulariser la situation par l'établissement d'une facture d'avoir pour la différence*

  Regolarizzeremo la situazione con l'emissione di una fattura per la differenza

D

- *Vous n'avez pas pu bénéficier de la remise de 5% qui ne s'applique qu'aux commandes supérieures à 1 000,00 €*

  Non avete avuto diritto allo sconto del 5% che si applica solo agli ordini superiori a 1 000,00 €

TERMINI UTILI

annullare un ordine	*annuler une commande*
l'anomalia	*l'anomalie*
l'apertura dei colli	*le déballage*
conforme al campione	*conforme à l'échantillon*
il contrattempo	*le contretemps*
il controllo	*la vérification*
i danni	*les dommages*
il danno	*le préjudice*
il difetto	*le défaut*
il difetto di funzionamento	*le vice de fabrication*
difettoso	*défectueux*
esigere riparazione	*exiger réparation*
la fondatezza	*le bien-fondé*
in cattivo stato	*en mauvais état*
l'incidente	*l'incident*

l'inconveniente	*l'inconvénient*
indennizzare	*dédommager*
ingiungere	*mettre en demeure*
in sostituzione	*en remplacement*
invendibile	*invendable*
la macchia	*la tache*
mancante	*manquant*
la manipolazione	*la manipulation*
meticoloso	*méticuleux*
nuocere	*gêner*
rifornire	*approvisionner*
ritardare	*différer*
rotto	*cassé*
rovinato	*abîmé*
segnalare	*signaler*
scaduto	*échu*
scaduto	*expiré*
sostituire	*remplacer*

RAPPRESENTANZE

Le lettere relative a questo argomento possono essere:

- richieste di rappresentanza
- offerte di rappresentanza

con le rispettive risposte.

RICHIESTA DI RAPPRESENTANZA

A riferimento alla fonte dell'informazione
B proposta di rapporto di rappresentanza
C presentazione della propria ditta
D richiesta di documentazione e/o di un incontro

Messieurs,
Nous avons bien lu votre annonce parue dans le bulletin A.F.P. du mois de septembre (**A**) *et nous vous informons que nous sommes intéressés par la représentation de vos articles dans l'Italie du Nord* (**B**).
Depuis 1980, notre maison est spécialisée dans la distribution de machines et accessoires pour l'industrie de la confection, en particulier machines à coudre, fers à repasser, tables de repassage.
L'expérience considérable que nous avons dans ce domaine nous permet d'être introduits auprès de nombreux clients concentrés surtout dans les régions du Piémont et de la Lombardie.
En outre, nous travaillons depuis quatre ans en qualité d'agents exclusifs pour quelques firmes françaises, dont nous joignons la liste à titre de référence (**C**).
Nous espérons que notre proposition pourra vous intéresser et vous prions de nous fixer un rendez-vous (**D**).
Veuillez agréer, Messieurs l'expression de nos sentiments les meilleurs.

Abbiamo letto il Vostro annuncio pubblicato sul bollettino dell'Agence France-Presse del mese di settembre e **Vi informiamo che siamo interessati alla rappresentanza dei Vostri prodotti nel** Nord Italia.
Dal 1980, **la nostra ditta è specializzata nella distribuzione di** macchine e accessori per l'industria della confezione, in particolare macchine da cucire, ferri da stiro, tavoli da stiro.
La notevole esperienza che abbiamo maturato in questo campo ci consente di essere ben introdotti presso numerosi clienti, concentrati soprattutto nelle regioni Piemonte e Lombardia.
Lavoriamo inoltre da quattro anni **come agenti esclusivi per** alcune società francesi, di cui alleghiamo la lista a titolo di referenza.
Speriamo che la nostra proposta Vi possa interessare e **Vi preghiamo di fissarci un appuntamento.**
Vogliate nel frattempo gradire i nostri migliori saluti.

Objet: demande de représentation
Messieurs,
Nous avons remarqué votre annonce publicitaire dans le journal INTERNATIONAL EQUIPEMENT NEWS de septembre 1993 (**A**).
Nous sommes d'une part, constructeurs de réducteurs de vitesse et, d'autre part, agents exclusifs sur l'Italie pour des moteurs électriques et réducteurs de vitesse de fabrication française.
Nous possédons par conséquence une solide expérience du genre d'articles que vous fabriquez et sommes déjà bien introduits auprès d'une vaste clientèle (**C**).
Nous souhaiterions savoir si vous êtes représentés sur le territoire italien, car, dans le cas contraire, nous pensons que votre produit peut très bien s'intégrer dans notre programme de vente et sommes intéressés à vous représenter (**B**).
Si notre proposition vous intéresse, nous vous serions obligés de bien vouloir nous faire parvenir votre documentation complète ainsi que vos tarifs (**D**).

Nous demeurons dans l'attente de votre réponse et vous prions d'agréer, Messieurs, l'expression de nos sentiments dévoués.

Oggetto: Richiesta di rappresentanza
Abbiamo notato il Vostro annuncio pubblicitario sul giornale INTERNATIONAL EQUIPEMENT NEWS del mese di settembre 1993.
La nostra ditta è sia costruttrice di riduttori di velocità, **sia agente esclusivo in** Italia **per** motori elettrici e riduttori di velocità di costruzione francese.
Possediamo quindi una solida esperienza del genere di articoli che Voi producete **e siamo già ben introdotti presso una** vasta clientela.
Desidereremmo sapere se siete rappresentati sul territorio italiano e, in caso contrario, pensiamo che il Vostro prodotto possa integrarsi molto bene con il nostro programma di vendita e **siamo interessati a rappresentarVi.**
Se la nostra proposta Vi può interessare, **Vi preghiamo di farci avere una documentazione completa ed il Vostro listino prezzi.**
Restiamo in attesa della Vostra risposta e porgiamo con l'occasione i nostri più distinti saluti.

Altre formule

A

• *Votre annonce parue dans... de... nous apprend que vous cherchez un représentant pour la vente de vos produits en...*	Il Vostro annuncio apparso su... di... ci informa che cercate un rappresentante per la vendita dei Vostri prodotti in...
• *Nous avons appris par Monsieur... de...*	Abbiamo saputo dal Signor... di...
• *Nous sommes redevables de votre adresse à Monsieur...*	Abbiamo ricevuto il Vostro nominativo dal Signor...

• *La Chambre de Commerce de... nous informe que vous êtes producteurs de...*	La camera di Commercio di... ci informa che siete produttori di...

B

• *Je serais intéressé par la représentation des marchandises suivantes: ...*	Sarei interessato alla rappresentanza dei seguenti prodotti: ...
• *Je désire élargir la gamme des produits que je représente actuellement*	Desidero allargare la gamma dei prodotti che rappresento attualmente
• *Nous serions heureux de distribuer vos articles sur le marché italien*	Saremmo lieti di distribuire i Vostri articoli sul mercato italiano
• *Nous vous proposons un rapport d'agents exclusifs et demandons l'exclusivité de vente pour une période d'essai de deux ans renouvelable*	Vi proponiamo un rapporto di agenti esclusivi e chiediamo l'esclusività di vendita per un periodo di prova di due anni rinnovabile

C

• *Depuis cinq ans je m'occupe de la représentation de produits de beauté et de parfumerie sur tout le territoire italien*	Da cinque anni mi occupo della rappresentanza di prodotti estetici e di profumeria su tutto il territorio italiano
• *Notre société, créée en 1985, est spécialisée dans la vente en gros et au détail de...*	La nostra società, creata nel 1985, è specializzata nella vendita all'ingrosso e al dettaglio di...
• *A titre de référence nous vous informons que depuis 10 ans nous travaillons en qualité d'agents exclusifs pour la société...*	A titolo di referenza Vi informiamo che da 10 anni lavoriamo in qualità di agenti esclusivi per la ditta...

• *Nous disposons de plusieurs centres de distribution dans les principales villes italiennes*	Disponiamo di numerosi centri di distribuzione nelle principali città italiane

D

• *Si notre proposition est susceptible de vous intéresser, nous vous prions de nous adresser quelques échantillons avec vos prix à l'exportation*	Se la nostra proposta Vi può interessare, Vi preghiamo di inviarci alcuni campioni con i prezzi per l'esportazione
• *Je serai heureux de vous rencontrer pour discuter les modalités de notre collaboration*	Sarò felice di incontrarVi per discutere le modalità della nostra collaborazione
• *Je pourrais vous rendre visite pour mieux connaître vos produits et pour définir les clauses du contrat de représentation*	Potrei farVi visita per conoscere meglio i Vostri prodotti e per definire le clausole del nostro contratto di rappresentanza

RISPOSTA POSITIVA

A riferimento alla richiesta
B dichiarazione di disponibilità
C presentazione della propria ditta
D invio di documentazione e/o proposta di incontro

Messieurs,
Nous venons de recevoir votre lettre du 14 juin (**A**) *et nous sommes intéressés par votre proposition* (**B**).
Les chaussures de notre production rencontrent un bon succès de vente en Italie et dans les pays européens dans lesquels nous sommes représentés, c'est-à-dire: Allemagne, Autriche et Pays-Bas, et, en France, elles sont déjà assez connues grâce au travail de nos collaborateurs (**C**).

Nous vous adressons ci-joint notre dernier catalogue ainsi que le tarif correspondant (**D**) *et vous informons que notre contrat de représentation prévoit habituellement une commission de 8%.*
Veuillez nous confirmer votre accord et nous proposer une date pour une future rencontre vers la mi-juillet (**D**).
Veuillez agréer, Messieurs, nos meilleures salutations.

Abbiamo appena ricevuto la Vostra lettera del 14 giugno e **siamo interessati alla Vostra proposta.**
Le calzature **di nostra produzione incontrano un notevole successo** in Italia e nei paesi europei dove siamo rappresentati e cioè Germania, Austria e Paesi Bassi; sono, inoltre, già discretamente conosciute in Francia grazie al lavoro dei nostri collaboratori.
Vi inviamo in allegato il nostro ultimo catalogo con il relativo listino e Vi informiamo che il nostro contratto di rappresentanza prevede abitualmente una commissione dell'8%.
Vogliate confermarci il Vostro accordo e **proporre una data per un prossimo incontro** verso la metà del mese di luglio.
Distinti saluti.

Messieurs,
Nous avons bien reçu votre lettre du 28 février (**A**) *et vous en remercions.*
Comme vous le savez, notre maison produit des vins de qualité supérieure de plus en plus appréciés par la clientèle italienne et se trouve déjà assez bien introduite dans quelques régions de votre pays (**C**).
Toutefois nous sommes sûrs que le marché français offre des possibilités encore inexploitées et votre proposition nous a vivement intéressés (**B**).
Nous serions disponibles pour un rendez-vous à partir de la première semaine d'avril (**D**), *afin d'examiner ensemble les termes d'un éventuel contrat. Veuillez nous préciser la date de votre arrivée.*
Dans l'attente de votre réponse, nous vous prions d'agréer, Messieurs, nos salutations distinguées.

Abbiamo ricevuto la Vostra lettera del 28 febbraio e Ve ne ringraziamo.
Come sapete, **la nostra ditta produce** vini di qualità superiore **sempre più apprezzati dalla** clientela italiana e già abbastanza conosciuti in alcune regioni del Vostro paese.
Siamo tuttavia certi che il mercato francese offre delle possibilità ancora da sfruttare e **la Vostra proposta ci ha vivamente interessato.**
Saremmo disponibili per un incontro a partire dalla prima settimana di aprile, per esaminare insieme i termini di un eventuale contratto. Vogliate precisarci la data del Vostro arrivo.
In attesa di una Vostra risposta, porgiamo i nostri più distinti saluti.

Altre formule

A

• *Nous vous remercions de votre lettre du...*	Vi ringraziamo della Vostra lettera del...
• *Votre lettre du... nous est bien parvenue*	Abbiamo ricevuto la Vostra lettera del...
• *Nous sommes heureux d'apprendre par votre lettre du... que vous êtes intéressées à distribuer nos produits en France*	Siamo lieti di apprendere dalla Vostra lettera del... che siete interessati a distribuire i nostri prodotti in Francia

B

• *Nous avons le plaisir de vous informer que nous sommes intéressés à un rapport de collaboration avec votre société*	Siamo lieti di informarVi che siamo interessati a un rapporto di collaborazione con la Vostra ditta
• *Nous sommes prêts à discuter avec vous les détails d'une éventuelle collaboration*	Siamo disposti a discutere con Voi i dettagli di una eventuale collaborazione

C

• *Nos collections de pulls pour femmes et pour hommes rencontrent un succès croissant sur le territoire italien*	Le nostre collezioni di pullover per donna e uomo incontrano un successo crescente sul territorio italiano
• *Notre société, fondée en 1990, est en phase de développement et recherche de nouveaux marchés pour l'exportation de ses produits*	La nostra ditta, fondata nel 1990, è in fase di sviluppo ed è alla ricerca di nuovi mercati per l'esportazione dei suoi prodotti

D

• *Nous pensons qu'il serait préférable de nous rencontrer pour discuter personnellement la possibilité d'un accord*	Pensiamo che sarebbe preferibile incontrarsi per discutere di persona la possibilità di un accordo
• *Nous vous proposons un rendez-vous ici à..., pour vous présenter notre gamme d'articles*	Vi proponiamo un appuntamento qui a..., per presentarVi la nostra gamma di articoli
• *Nous vous envoyons ci-joint notre documentation complète et vous ferons parvenir par colis séparé des échantillons de nos produits*	Vi inviamo qui allegata la nostra documentazione completa e Vi spediremo a parte alcuni campioni dei nostri prodotti

RISPOSTA NEGATIVA

A riferimento alla richiesta
B rifiuto
C motivazione

Messieurs,
Suite à votre lettre du 24 février, dans laquelle vous vous êtes offerts de nous représenter sur le marché tunisien (**A**), *nous devons refuser votre proposition* (**B**) *et nous vous informons que la société Lambert de Rabat représente depuis 1991 nos produits au Maroc, en Algérie et en Tunisie* (**C**).
Veuillez agréer, Messieurs, nos salutations distinguées.

Con riferimento alla Vostra lettera del 24 febbraio, nella quale Vi siete offerti di rappresentarci sul mercato tunisino, **dobbiamo rifiutare la Vostra proposta** e Vi informiamo che **la ditta** Lambert **di** Rabat **rappresenta dal** 1991 **i nostri prodotti** in Marocco, Algeria e Tunisia.
Vogliate gradire i nostri più distinti saluti.

Messieurs,
Nous vous remercions de votre lettre du 27 octobre (**A**), *dans laquelle vous nous proposez de vous occuper de la diffusion de notre production sur le territoire espagnol.*
Nous ne pouvons pas accepter votre offre (**B**), *puisque nous ne pensons pas disposer pour le moment des structures nécessaires pour faire face aux problèmes de l'exportation* (**C**).
Si notre situation devait se modifier, nous nous adresserions à vous.
Veuillez agréer, Messieurs, nos meilleures salutations.

Vi ringraziamo della Vostra lettera del 27 ottobre, nella quale ci proponete di occuparVi della diffusione dei nostri prodotti sul territorio spagnolo.
Non possiamo accettare la Vostra offerta, poiché non pensiamo di disporre per il momento **delle strutture necessarie** per affrontare i problemi dell'esportazione.
Se la nostra situazione dovesse modificarsi, ci rivolgeremo a Voi.
Vogliate gradire i nostri migliori saluti.

Altre formule

A

(vedi pag. 137)

B

• *Nous regrettons de ne pouvoir donner aucune suite à votre proposition de diffuser notre production en...*	Siamo spiacenti di non poter dare alcun seguito alla Vostra proposta di distribuire i nostri prodotti in...
• *Nous regrettons de devoir refuser votre offre de collaboration*	Ci dispiace dover rifiutare la Vostra offerta di collaborazione

C

• *Nous regrettons de vous informer que nous avons déjà confié la représentation de nos produits à la société... de...*	Siamo spiacenti di informarVi che abbiamo già affidato la rappresentanza dei nostri prodotti alla ditta... di...
• *..., mais nous préférons actuellement travailler directement avec tous nos clients sans intermédiaires*	..., ma preferiamo al momento lavorare direttamente con tutti i nostri clienti senza intermediari

OFFERTA DI RAPPRESENTANZA

A riferimento alla fonte dell'informazione
B presentazione della propria ditta
C offerta di rappresentanza con motivazione
D proposta di incontro e/o speranza di risposta positiva
E proposta di condizioni

Objet: offre de représentation
Messieurs,
Nous sommes redevables de votre adresse à Monsieur Alain Duvernois de Nantes (**A**)*, avec qui nous sommes*

nous aussi en relations d'affaires.
Depuis 1970, notre Maison produit des machines à dessiner et du matériel pour le dessin industriel (**B**), *qui trouvent le meilleur accueil auprès de la clientèle italienne.*
Au cours de ces dernières années, nous avons enregistré un intérêt croissant pour notre production de la part de quelques pays européens et nous aimerions en confier la représentation exclusive pour la France à une société déjà bien introduite sur le marché et connaissant bien ce genre d'articles.
Nous croyons que votre maison pourrait répondre à nos exigences (**C**) *et vous proposons un rendez-vous pour discuter les termes de notre accord* (**D**) *qui, en principe, comporterait une commission de 8% sur toute commande menée à terme* (**E**).
Nous attendons votre réponse au plus tôt.
Veuillez agréer, Messieurs, nos meilleures salutations.

Oggetto: offerta di rappresentanza
Egregi Signori,
abbiamo avuto il Vostro nominativo dal Signor Alain Duvernois di Nantes, con il quale siamo anche noi in rapporti d'affari.
Dal 1970 **la nostra ditta produce** tecnigrafi e materiale per il disegno industriale, che si sono ben affermati presso la clientela italiana.
Nel corso degli ultimi anni abbiamo notato un sempre maggiore interesse per la nostra produzione da parte di alcuni paesi europei e **vorremmo affidarne la rappresentanza esclusiva per** la Francia **a una ditta già inserita** sul mercato e che conosca bene questo genere di articoli.
Pensiamo che la Vostra società potrebbe rispondere a queste nostre esigenze e Vi proponiamo un appuntamento per discutere i termini del nostro accordo, che, in linea di massima, **comporterebbe una commissione dell'**8% **su ogni ordine confermato.**
Attendiamo al più presto la Vostra risposta.
Vogliate gradire i nostri migliori saluti.

Messieurs,
Notre société, bien que fondée en 1985, est devenue l'un des premiers groupes italiens dans le secteur du textile et de l'habillement (**B**).
Nous traversons un moment de forte expansion et, ayant des perspectives de développement à niveau européen, nous recherchons des sociétés actives dans notre branche dans les principales villes d'Europe, disposées à assurer la représentation de nos produits (**C**).
Nous avons visité votre stand au dernier Salon du Textile de Hanovre (**A**) *et, connaissant l'expérience et le sérieux de votre société, nous croyons que vous pourriez assurer avec compétence cette représentation pour la France* (**C**).
Les conditions que nous offrons sont les suivantes:
— *commission de 9% sur toute commande menée à terme*
— *chiffre d'affaires minimum 10 000,00 €* (**E**).
Si, comme nous l'espérons, cette affaire est susceptible de vous intéresser, nous pourrions prendre rendez-vous pour discuter personnellement les clauses du contrat (**D**).
Une réponse urgente de votre part nous obligerait.
Croyez, Messieurs, à l'expression de nos sentiments les meilleurs.

La nostra ditta, benché fondata nel 1985, **è diventata uno dei primi gruppi** in Italia **nel settore** del tessile e dell'abbigliamento.
Stiamo attraversando un momento di forte espansione e, avendo prospettive di sviluppo a livello europeo, **cerchiamo società attive nel nostro campo** nelle principali città europee, **disposte ad assumere la rappresentanza dei nostri prodotti.**
Abbiamo visitato il Vostro stand all'ultimo Salone del Tessile di Hannover e, conoscendo l'esperienza e la serietà della Vostra azienda, **crediamo che potrete svolgere questo incarico per la** Francia **con competenza.**
Le condizioni che offriamo sono le seguenti:

– commissione del 9% su ogni ordine portato a buon fine
– fatturato minimo 10 000,00 €.

Se, come speriamo, questa proposta Vi può interessare, **potremmo fissare un appuntamento per discutere di persona le clausole del contratto.**
Una risposta urgente sarebbe gradita.
Con i migliori saluti.

Altre formule

A

(vedi pag. 133)

B

• *Nous sommes producteurs de... et nous exportons déjà nos produits en...*	Siamo produttori di... ed esportiamo già i nostri prodotti in...
• *Notre maison, créée en 1980, est spécialisée dans la production de... qui se vendent très bien sur le marché italien*	La nostra ditta, fondata nel 1980, è specializzata nella produzione di..., che si vendono molto bene sul mercato italiano

C

• *Ayant enregistré ces dernières années une hausse sensible de la vente de nos produits, nous pensons pouvoir les exporter avec succès*	Avendo registrato in questi ultimi anni un aumento sensibile della vendita dei nostri prodotti, pensiamo di poterli esportare con successo
• *Nos articles sont de plus en plus appréciés sur les marchés étrangers et nous vous proposons l'exclusivité de représentation et de vente sur le territoire français*	I nostri articoli sono sempre più apprezzati sui mercati esteri e Vi proponiamo la rappresentanza in esclusiva per la vendita sul territorio francese

D

• *En principe notre contrat prévoit les clauses essentielles suivantes:*	In linea di massima il nostro contratto prevede le seguenti clausole essenziali:
• *Nous indiquons ci-dessous les conditions que nous pratiquons habituellement dans nos rapports de représentation*	Indichiamo qui di seguito le condizioni che pratichiamo abitualmente nei nostri rapporti di rappresentanza

E

• *Nous espérons que vous serez intéressés à un rapport de collaboration avec notre société*	Speriamo che sarete interessati a un rapporto di collaborazione con la nostra azienda
• *Dans l'attente d'une réponse favorable de votre part, ...*	In attesa di una risposta favorevole da parte Vostra, ...
• *Dans l'espoir que vous voudrez accueillir favorablement notre proposition, ...*	Con la speranza che vorrete accogliere favorevolmente la nostra proposta, ...

RISPOSTA POSITIVA

A riferimento all'offerta
B accettazione dell'offerta
C accordi sulle condizioni proposte

Messieurs,
Votre lettre du 14 janvier nous est bien parvenue (**A**) *et nous vous remercions de la confiance que vous nous témoignez.*
Spécialisée dans la distribution de produits de beauté, notre société a acquis une expérience considérable dans cette branche du marché. Nous pensons donc pouvoir vous assurer des placements avantageux dans

notre pays et nous sommes disposés à nous occuper de la diffusion de vos articles (**B**).
Nous aimerions cependant mieux connaître votre production et vous prions de nous expédier votre catalogue, votre tarif et quelques échantillons.
Nous acceptons en principe les conditions que vous proposez (**C**) *et nous pourrions nous rendre à Tours vers le début de février pour les examiner à fond avec vous.*
Dans l'attente d'une prochaine rencontre, nous vous prions d'agréer, Messieurs, l'expression de nos sentiments dévoués.

Spettabile Ditta,
abbiamo ricevuto la Vostra lettera del 14 gennaio e Vi ringraziamo della fiducia dimostrataci.
Specializzata nella distribuzione di prodotti di bellezza, la nostra ditta ha realizzato un'esperienza considerevole in questo settore del mercato. Crediamo quindi di poterVi assicurare un monte ordini interessante nel nostro paese e **saremo lieti di occuparci della diffusione dei Vostri articoli.**
Gradiremmo comunque conoscere meglio la Vostra produzione e Vi preghiamo di inviarci il Vostro catalogo, con il listino prezzi e alcuni campioni.
In linea di massima accettiamo le condizioni da Voi proposte e potremmo recarci a Tours verso l'inizio di febbraio per esaminarle a fondo con Voi.
In attesa del nostro prossimo incontro, porgiamo i nostri migliori saluti.

Monsieur,
Nous vous remercions de votre lettre du 30 septembre (**A**) *et nous sommes heureux d'accepter votre offre de représentation* (**B**).
Nous croyons que les conditions que vous proposez pourraient nous convenir (**C**), *mais nous aimerions en connaître les détails et les discuter avec vous à l'occasion d'une prochaine rencontre.*
Vous nous obligeriez en nous fixant un rendez-vous par télex au plus tôt.

Dans l'attente de votre réponse nous vous prions de croire, Monsieur, à l'expression de nos sentiments distingués.

Egregio Signore,
La ringraziamo della Sua lettera del 30 settembre e **siamo lieti di accettare la Sua offerta di rappresentanza.**
Crediamo che le condizioni da Lei proposte ci possano trovare d'accordo, ma vorremmo conoscerne i particolari e discuterli con Lei in occasione di un prossimo incontro.
Ci farebbe cosa gradita fissandoci un appuntamento per telex al più presto.
Restiamo in attesa della Sua risposta e porgiamo con l'occasione i nostri migliori saluti.

Altre formule

A

• *Nous avons bien reçu Votre lettre du...*	Abbiamo ricevuto la Vostra lettera del...

B

• *C'est avec plaisir que nous acceptons de représenter vos produits dans les régions...*	Accettiamo con piacere di rappresentare i Vostri prodotti nelle regioni...
• *Nous sommes heureux de vous informer que votre offre nous intéresse*	Siamo lieti di informarVi che la Vostra offerta ci interessa

C

• *Les conditions que vous avez proposées nous semblent acceptables*	Le condizioni che avete proposto ci sembrano accettabili
• *Vos conditions nous conviennent, à l'exception de...*	Siamo d'accordo con le Vostre condizioni, ad eccezione

TERMINI UTILI

affidare/assumere la rappresentanza	*confier/assumer la représentation*
agente esclusivo	*agent exclusif*
andar bene/essere d'accordo	*convenir*
il campo	*le domaine*
la clausola	*la clause*
la commissione	*la commission*
comportare	*comporter*
il contratto	*le contrat*
la diffusione	*la diffusion*
la distribuzione	*la distribution*
l'esclusività	*l'exclusivité*
l'esportazione	*l'exportation*
il fatturato	*le chiffre d'affaires*
la gamma dei prodotti	*la gamme des produits*
l'incremento delle vendite	*la hausse des ventes*
l'intermediario	*l'intermédiaire*
introdotto presso	*introduit auprès de*
il ramo	*la branche*
il rappresentante	*le représentant*
rappresentare	*représenter*
la rappresentanza	*la représentation*
registrare	*enregistrer*
rinnovabile	*renouvelable*
il settore	*le secteur*
il termine	*le terme*
la vendita all'ingrosso e al dettaglio	*la vente en gros et au détail*

CIRCOLARI

- Si tratta di comunicazioni dirette non ad un unico destinatario, ma a numerose persone o ditte.
- Scritte, stampate o fotocopiate su carta intestata, si differenziano dalle altre lettere commerciali, perché:
  - l'indirizzo è spesso omesso
  - la data è tralasciata o è incompleta (sono dati solo il mese e l'anno)
  - la firma è dattilografata o stampata
- Possono essere di tipi diversi:
  - **circolari informative**, se comunicano cambiamenti, relativi all'azienda
  - **circolari pubblicitarie**, se presentano un prodotto o un servizio

CIRCOLARI INFORMATIVE

A comunicazione della notizia
B motivazione
C altre indicazioni

CAMBIO DI SEDE O INDIRIZZO

Objet: changement d'adresse
Messieurs,
Nous vous prions de noter qu'à partir du 7 janvier prochain nos bureaux seront transférés (**A**):

Viale Piave 5
20129 Milano

et nous vous signalons nos nouveaux numéros de:

téléphone 29 51 78 15
télécopie 29 51 78 29

Ces nouveaux locaux, beaucoup mieux situés et

regroupant tous nos services, nous permettront d'améliorer nos relations avec notre clientèle (**B**).
Nous espérons avoir l'honneur de vous y recevoir prochainement (**C**).
Veuillez agréer, Messieurs, l'assurance de nos sentiments dévoués.

Oggetto: cambiamento di indirizzo
Vi preghiamo di prender nota che a partire dal 7 gennaio prossimo **i nostri uffici saranno trasferiti in**
Viale Piave 5
20129 Milano
e Vi comunichiamo i nostri nuovi numeri di
telefono: 29 51 78 15
fax: 29 51 78 29
Questi nuovi locali, molto meglio situati e che riuniscono tutti i nostri uffici, **ci permetteranno di migliorare le relazioni con la nostra clientela.**
Speriamo che ci onorerete presto di una Vostra visita.
Vogliate gradire i nostri più distinti saluti.

CAMBIAMENTO DI PERSONALE

Messieurs,
Nous vous informons que Monsieur Fabio Lodigiani, notre collaborateur depuis plusieurs années, vient de quitter notre société le 31 décembre (**A**) *pour raisons de santé* (**B**).
Nous le regrettons vivement.
Lui succède en tant que directeur commercial monsieur Sandro Glave (**C**) *et nous espérons que vous voudrez bien lui réserver le meilleur accueil.*
Avec nos remerciements, nous vous prions d'agréer, Messieurs, nos salutations distinguées.

Vi informiamo che il Signor Fabio Lodigiani, nostro collaboratore da molti anni, **ha lasciato la nostra società il** 31 dicembre scorso **per motivi di** salute.
Ce ne rammarichiamo vivamente.

Le sue funzioni di Direttore Commerciale sono state assunte dal Signor Sandro Glave, al quale speriamo che vorrete riservare l'abituale cortese accoglienza.
Vi ringraziamo e Vi preghiamo di gradire i nostri più distinti saluti.

CAMBIAMENTO DI BANCA

Messieurs,
Nous vous prions de noter qu'à partir du 15 mai prochain tous nos paiements seront effectués par la (**A**)*:*
Société Marseillaise de Crédit
Agence 23
35, avenue du Roule
13003 Marseille
C'est à cette banque que devront être domiciliées désormais toutes les lettres de change que vous tirerez sur nous en règlement de vos factures (**C**).
Veuillez agréer, Messieurs, nos salutations distinguées.

Vi rendiamo noto che a partire dal 15 maggio prossimo **tutti i nostri pagamenti saranno effettuati tramite la**:
Société Marseillaise de Crédit
Agence 23
35, avenue du Roule
13003 Marseille
Presso questa banca dovranno essere domiciliati da ora in poi tutti gli effetti che emetterete su di noi in pagamento delle Vostre fatture.
Distinti saluti.

AUMENTO DI PREZZI

Monsieur et cher Client,
Nous vous adressons ci-joint notre nouveau catalogue illustré pour l'année 1994. Vous y trouverez les dernières réalisations de notre atelier, ainsi que le

nouveau tarif, qui prendra effet à partir du 1/1/94 (**A**). *Malgré la hausse sensible du coût des matières premières de l'année dernière* (**B**), *nous n'avons apporté qu'une augmentation moyenne de 3% à l'ensemble de notre tarif* (**A**).
Notre agent, Monsieur Bergomi, vous rendra visite prochainement pour vous présenter nos nouvelles collections et pour étudier avec vous les remises que nous serons à même de vous accorder en fonction de vos besoins mensuels (**C**).
Soyez certains que nous apporterons tous nos soins dans l'exécution de vos prochaines commandes.
Veuillez agréer, Monsieur et cher Client, l'expression de nos sentiments dévoués.

Caro Cliente,
Le inviamo qui accluso il nuovo catalogo illustrato per l'anno 1994, che presenta le ultime realizzazioni del nostro laboratorio e **il nuovo listino prezzi che entrerà in vigore a partire dall'**1.1.94.
Malgrado il considerevole aumento del costo delle materie prime nel corso dell'anno passato, **abbiamo applicato solo un aumento medio del** 3% **al nostro tariffario.**
Il nostro agente Signor Bergomi **passerà a visitarLa tra breve** per presentarLe le nostre nuove collezioni e per studiare con Lei gli sconti che potremo praticarLe in base al Suo fabbisogno mensile.
AssicurandoLe la massima cura nell'esecuzione dei prossimi ordini, distintamente La salutiamo.

Altre formule

A

• *Il m'est agréable de vous annoncer l'ouverture d'une filiale de notre Société à Parme*	Sono lieto di annunciarLe l'apertura di una nuova filiale della nostra Ditta a Parma

• *Nous vous informons qu'à partir du 15 septembre vous pourrez envoyer toute votre correspondance à la nouvelle adresse de notre bureau*	Vi informiamo che a partire dal 15 settembre potrete inviare tutta la Vostra corrispondenza al nuovo indirizzo dei nostri uffici
• *Nous vous informons que notre représentant, Monsieur Dubois, a été amené à quitter notre Société à la date du...*	Vi informiamo che il nostro rappresentante Signor Dubois è giunto alla decisione di lasciare la nostra società in data...
• *Nous vous informons que nous venons de fonder à... sous la raison sociale... une maison de commerce spécialisée dans la vente de...*	Vi informiamo che abbiamo appena fondato a... sotto la ragione sociale... una ditta commerciale specializzata nella vendita di...
• *Nous sommes heureux de vous annoncer que nous allons ouvrir le... une succursale de notre maison à... rue...*	Siamo lieti di annunciarVi l'imminente apertura di una succursale della nostra Ditta a... in via... il giorno...
• *Veuillez trouver ci-joint nos nouveaux tarifs applicables dès le...*	Alleghiamo alla presente il nostro nuovo listino valido a partire dal...
• *Nous vous rappelons que, par suite de..., nous appliquerons une hausse de 5% sur les prix de nos articles à partir du...*	Vi ricordiamo che, a causa di..., applicheremo una maggiorazione del 5% sui prezzi dei nostri articoli a partire dal...
• *Nous avons le regret de vous informer que, en raison de..., nous sommes obligés d'appliquer une hausse générale de 6% sur l'ensemble de notre tarif*	Siamo spiacenti di informarVi che, a causa di..., siamo costretti ad applicare un aumento generale del 6% sul nostro listino prezzi

• *Nous avons créé une société au capital initial de...*	Abbiamo fondato una Società con un capitale iniziale di...

B

• *Pour répondre à la demande toujours croissante de notre clientèle...*	Per rispondere alla sempre maggiore richiesta dei nostri clienti...
• *L'expansion considérable de notre entreprise sur le marché italien nous amène à...*	Data la notevole espansione della nostra ditta sul mercato italiano abbiamo deciso di...
• *Par suite de, l'augmentation considérable de notre volume d'affaires...*	A causa del considerevole incremento dei nostri affari...
• *Par suite de la hausse de nos coûts de production...*	A causa dell'aumento dei nostri costi di produzione...
• *Par suite de la hausse des frais de main d'œuvre...*	In seguito all'aumento delle spese di mano d'opera...
• *En raison de la variation du coût des matières premières...*	In seguito alla variazione del costo delle materie prime...

C

• *Nos nouveaux magasins nous permettront de mieux satisfaire les besoins de la clientèle italienne*	I nostri nuovi magazzini ci permetteranno di soddisfare meglio i bisogni della clientela italiana
• *Nous sommes persuadés que ces aménagements vous donneront entière satisfaction*	Siamo certi che questa sistemazione sarà di Vostro completo gradimento
• *Nous pouvons assurer à notre clientèle un meilleur service de livraison*	Possiamo assicurare alla nostra clientela un miglior servizio consegne

• *Situé à proximité du boulevard périphérique, et donc d'un accès plus facile, notre centre dispose d'un vaste parking*	Situato nelle vicinanze della tangenziale, per un più facile accesso, il nostro centro dispone di un vasto parcheggio
• *Nous vous remercions d'avance du bon accueil que vous voudrez bien réserver à Monsieur...*	Vi ringraziamo in anticipo dell'accoglienza che vorrete riservare al Signor...
• *Nous sommes certains que vous réserverez à notre nouveau collaborateur toute votre confiance*	Siamo certi che accorderete al nostro nuovo collaboratore tutta la Vostra fiducia
• *En limitant à 5% cette augmentation, nous faisons un réel effort en faveur de notre clientèle*	Limitando al 5% questo aumento, facciamo un reale sforzo a favore della nostra clientela

CIRCOLARI PUBBLICITARIE

A presentazione del prodotto, del servizio, dell'offerta
B illustrazione delle sue caratteristiche, prestazioni, vantaggi
C invito ad acquistare, provare, visitare

Chère Madame,
Vous ne serez pas étonnée d'apprendre que le magazine AUJOURD'HUI souhaite vivement voir figurer à nouveau votre nom parmi ceux de ses fidèles abonnés, observateurs attentifs – comme vous-même – de l'actualité française et internationale.
AUJOURD'HUI vous prouve le prix qu'il attache à votre "retour", en vous réservant une surprise dont le caractère exceptionnel saura, je l'espère, retenir votre attention:

50% de réduction sur 26 numéros d'AUJOURD'HUI et un très bel appareil photo Alpha 15. Tels sont les deux avantages exclusifs de cette offre spéciale qui vous est personnellement consentie (**A**).
A la satisfaction de profiter d'avantages très appréciables, s'ajoutera pour vous, j'en suis convaincu, le plaisir de renouer avec un grand magazine d'information vivant et coloré (**B**)*: chaque semaine, dans AUJOURD'HUI, l'enthousiasme est au rendez-vous. Qu'il vous parle des derniers films, des pièces de théâtre, des livres à ne pas manquer, des expositions, des bonnes tables, des idées de shopping ou de tourisme... AUJOURD'HUI va plus loin, et avant les autres.*
Enfin, je pense que vous apprécierez également votre cadeau: un appareil photo compact avec flash incorporé (**B**).
Comment bénéficier de cette offre exceptionnellement avantageuse (et limitée dans le temps)? C'est très simple: détachez vite les 2 vignettes vous donnant droit à la réduction et au cadeau, collez-les sur le bulletin d'abonnement et postez-les immédiatement dans l'enveloppe ci-jointe (**C**).
Très sincèrement

Gentile Signora,
non si stupirà di sapere che la rivista AUJOURD'HUI desidera vivamente veder figurare di nuovo il Suo nome tra quelli dei suoi fedeli abbonati, attenti osservatori – come Lei – dell'attualità francese e internazionale. AUJOURD'HUI Le dimostra l'importanza che attribuisce al Suo "ritorno", riservandoLe una sorpresa eccezionale che saprà, mi auguro, attirare la Sua attenzione:
50% **di riduzione su** 26 numeri di AUJOURD'HUI **e una bellissima** macchina fotografica Alpha 15. **Ecco i 2 vantaggi esclusivi di questa offerta speciale che Le viene concessa personalmente.**
Alla soddisfazione di approfittare di vantaggi molto apprezzabili, si aggiungerà per Lei, ne sono certo, il piacere di riprendere i contatti con **un grande periodi-**

co di informazione vivo e pieno di colore: in AUJOURD'HUI ogni settimana appuntamento con l'entusiasmo.
Che Le parli degli ultimi films, degli spettacoli teatrali, dei libri da non perdere, delle mostre, dei buoni ristoranti, delle idee shopping o di turismo... AUJOURD'HUI va più lontano e prima degli altri.
Infine, penso che apprezzerà anche **il nostro regalo:** una macchina fotografica compatta con flash incorporato.
Come approfittare di questa offerta eccezionalmente vantaggiosa (e limitata nel tempo)? È molto semplice: **stacchi subito i due adesivi che Le danno diritto alla riduzione e al dono, li incolli** sul modulo di abbonamento **e li imbuchi subito** nella busta allegata.
Cordialmente.

Messieurs,
Nous avons constaté avec plaisir lors du dernier Salon du Textile de Paris que les tissus chaîne imprimée rencontrent un succès croissant dans le domaine de l'habillement.
Il y a trois ans, nous avons mis au point, avec nos calandres, un système pour la thermoimpression de la chaîne en polyester (**A**). *Cette chaîne en polyester imprimée se retrouve dans la plupart des tissus présentés lors du Salon. Ce procédé a un succès énorme auprès de nos clients et permet la création de motifs inconcevables auparant. Plusieurs dessins peuvent être successivement imprimés sur une même chaîne et la trame peut être en coton, soie, polyester, viscose, etc., ce qui permet d'obtenir une grande variété de tissus* (**B**).
Des marchés prometteurs s'ouvrent à la thermoimpression qui répond aux préoccupations des fabricants, tant sur le plan facilité et souplesse d'utilisation que sur le plan environnement.
Si vous souhaitez de plus amples informations sur nos calandres de thermoimpression, veuillez remplir et nous retourner l'imprimé ci-joint (**C**), *afin de nous*

permettre de vous faire parvenir la documentation souhaitée.
Veuillez agréer, Messieurs, nos meilleures salutations.

Abbiamo notato con piacere all'ultimo Salone del Tessile di Parigi che i tessuti a ordito stampato si sono affermati nelle ultime tendenze del settore abbigliamento.
Tre anni fa, abbiamo messo a punto con le nostre calandre **un sistema per** la termoimpressione dell'ordito di poliestere. Questo ordito in poliestere stampato si ritrova nella maggior parte dei tessuti presentati al Salone. **Si tratta di un processo che sta incontrando un notevole successo presso** i nostri clienti e che permette la creazione di motivi prima inconcepibili. Si possono stampare di seguito parecchi disegni su un solo ordito e la trama può essere in cotone, seta, poliestere, viscosa ecc., dando così forma a una grande varietà di tessuti.
Mercati promettenti si stanno aprendo alla termoimpressione, che risponde alle preoccupazioni dei fabbricanti sia sul piano facilità d'uso e versatilità, che sul piano difesa dell'ambiente.
Se desiderate maggiori informazioni sulle nostre calandre per termoimpressione, **vogliate compilare e rispedire lo stampato qui allegato,** per permetterci di inviarVi la documentazione desiderata.
Distinti saluti.

Altre formule

A

• *Nous avons le plaisir de vous annoncer l'arrivée sur le marché français d'un nouveau produit...*	Abbiamo il piacere di annunciarVi l'arrivo sul mercato francese di un nuovo prodotto
• *Notre maison vient de lancer sur le marché un nouveau...*	La nostra Ditta ha appena lanciato sul mercato un nuovo...

• *Nous avons le plaisir de vous informer que nous avons organisé une vente promotionnelle du... au... prochain*	Siamo lieti di informarVi che abbiamo organizzato una vendita promozionale dal... al... prossimo
• *Nous avons l'avantage de vous proposer à titre d'essai...*	Abbiamo il piacere di proporVi a titolo di prova...

B

(Non è possibile indicare formule standard. Sarà necessario trovare idee ed espressioni specifiche per ogni prodotto o situazione)

C

• *Nos vendeurs spécialisés se feront un plaisir de vous conseiller dans vos choix*	I nostri venditori specializzati saranno lieti di consigliarLa nelle Sue scelte
• *Pour en savoir plus, vous pourrez contacter notre concessionnaire exclusif...*	Per saperne di più, potrà contattare il nostro concessionario esclusivo
• *L'ouverture du magasin aura lieu le dimanche... à... heures. Venez nous voir, l'entrée sera libre*	L'apertura del negozio avrà luogo domenica... alle... Venite a trovarci, l'entrata sarà libera
• *N'hésitez pas à nous retourner la carte ci-jointe, nous vous contacterons en priorité*	Non esitate a rispedirci la cartolina allegata, Vi contatteremo per primi

TERMINI UTILI

l'adesivo	*la vignette*
l'apertura	*l'ouverture*
l'aumento	*l'augmentation/la hausse*
la cartolina	*la carte*

compilare	*remplir*
il dono	*le cadeau*
entrare in vigore	*prendre effet*
l'espansione	*l'expansion*
essere dotato di	*bénéficier de*
essere lieti di	*se faire un plaisir de*
la filiale	*la filiale*
fondare	*fonder*
godere/approfittare di	*bénéficier de*
ingresso gratuito	*entrée libre*
lanciare sul mercato	*lancer sur le marché*
il lancio	*le lancement*
il modulo	*le bulletin*
il negozio	*le magasin*
l'offerta speciale	*l'offre spéciale*
prender nota	*noter*
segnalare	*signaler*
lo stampato	*l'imprimé*
la succursale	*la succursale*
trasferire	*transférer*
valido a partire dal...	*applicable dès le...*
la vendita promozionale	*la vente promotionnelle*
il venditore specializzato	*le vendeur spécialisé*
il vantaggio	*l'avantage*
vantaggioso	*avantageux*

DOMANDE DI IMPIEGO

Le lettere di questo tipo, spesso scritte in risposta a un'inserzione su un giornale, sono normalmente accompagnate da un curriculum vitae (CV) dettagliato. Il datore di lavoro può rispondere accettando la candidatura o rifiutandola.

A riferimento a un'inserzione o ad altra fonte di informazione
B presentazione della propria candidatura
C invio del CV, con particolare attenzione su qualche suo aspetto
D speranza di una risposta favorevole

Objet: proposition de candidature
Monsieur le Chef du Personnel,
A la suite de votre annonce parue le 10 octobre dernier dans le Figaro (**A**), *je me permets de vous proposer ma candidature au poste d'Attaché Commercial que vous proposez* (**B**).
Je possède le Diplôme d'Etudes d'Economie et de Commerce international de l'Université Bocconi de Milan et j'ai acquis, grâce à cette formation, les bases indispensables à la gestion internationale des ventes.
Depuis quatre ans je suis attaché commercial d'une importante société d'informatique, qui ne m'offre pourtant pas la possibilité d'une évolution intéressante.
Le curriculum vitae ci-joint vous donnera de plus amples renseignements à mon sujet (**C**).
Je suis prêt à vous fournir toutes précisions supplémentaires que vous désireriez me présentant à vos bureaux au jour et à l'heure qui pourraient vous convenir.
J'espère que vous voudrez bien prendre ma candidature en considération et vous remercie par avance de votre attention (**D**).
Veuillez agréer, Monsieur, l'expression de mes sentiments dévoués.

All'attenzione del Capo del Personale
Oggetto: proposta di candidatura
Con riferimento alla Vostra inserzione sul Figaro **del** 10 ottobre, **mi permetto di offrirVi la mia candidatura al posto di** Addetto Commerciale che proponete.
Sono in possesso della laurea in Economia e Commercio internazionale dell'Università Bocconi di Milano e, grazie a questa formazione, ho acquisito le basi indispensabili alla gestione internazionale delle vendite.
Da quattro **anni sono** addetto commerciale **presso** un'importante azienda del settore informatico, che però non mi offre la possibilità di un'evoluzione interessante.
Il curriculum vitae qui allegato Vi darà maggiori ragguagli al mio riguardo.
Sono pronto a completare le Vostre informazioni, presentandomi il giorno e l'ora che vorrete indicarmi.
Spero che vorrete prendere in considerazione la mia domanda e Vi ringrazio anticipatamente.
Vogliate gradire i miei più distinti saluti.

Messieurs,
J'ai pris connaissance dans le journal Ouest-France d'aujourd'hui de votre annonce concernant un poste de secrétaire (**A**) *et je me permets de présenter ma candidature à cet emploi* (**B**).
Les postes que j'ai déjà occupés m'ont donné une vaste expérience de ce genre de travail; j'ai une grande habitude des contacts et des voyages (**C**).
Je recherche un poste qui m'offre un meilleur salaire et des possibilités de promotion plus rapides que le poste que j'occupe actuellement.
Je vous adresse ci-joint mon curriculum vitae ainsi qu'une photo et, dans l'espoir que vous voudrez prendre en considération ma demande (**D**), *je me tiens à votre disposition pour répondre à toute convocation.*
Veuillez agréer, Messieurs, mes salutations distinguées.

Ho visto sul giornale Ouest-France di oggi **il Vostro annuncio riguardante un posto di** segretaria **e mi permetto di presentare la mia candidatura.**
I posti che ho già occupato mi hanno dato una vasta esperienza di questo genere di lavoro; ho attitudine ai contatti umani e sono abituata a viaggiare.
Cerco un posto che mi offra uno stipendio migliore e possibilità di avanzamento più rapido di quanto non mi sia possibile attualmente.
Invio qui allegato il mio curriculum vitae con una foto e, **con la speranza che la mia domanda sarà presa in considerazione**, mi tengo a Vostra disposizione per un'eventuale convocazione.
Distinti saluti.

Altre formule

A

• *J'ai lu votre annonce parue dans... du... par laquelle vous demandez un...*	Ho letto il Vostro annuncio pubblicato su... di... con il quale ricercate un...
• *Dans le dernier numéro de... vous avez fait paraître une annonce relative à un poste de...*	Nell'ultimo numero di... avete pubblicato un annuncio relativo ad un posto di...
• *En réponse à votre annonce parue dans... de ce jour...*	In risposta al Vostro annuncio apparso su... di oggi...

B

• *Je souhaiterais occuper le poste de...*	Desidererei occupare il posto di...
• *L'annonce parue dans.. a retenu mon attention*	L'annuncio apparso su... ha attirato la mia attenzione
• *Je suis vivement intéressé par le poste de...*	Sono vivamente interessato al posto di...

• *Je pense correspondre au profil de... que vous recherchez. Je me permets donc de solliciter l'emploi actuellement vacant*	Penso di corrispondere al profilo di... che state cercando. Mi permetto dunque di sollecitare il posto attualmente vacante

C

• *Mon curriculum vitae ci-joint vous fournira les renseignements nécessaires sur ma formation*	Il mio curriculum vitae, qui allegato, Vi fornirà le informazioni necessarie sulla mia formazione
• *Vous trouverez les principaux renseignements me concernant dans le CV ci-joint*	Troverete le principali informazioni al mio riguardo nel CV allegato
• *Je possède une connaissance spécifique de...*	Possiedo una conoscenza specifica di...
• *Je pense posséder les qualités requises*	Penso di possedere le qualità richieste

D

• *Je vous remercie de l'attention que vous voudrez bien accorder à ma demande*	Vi ringrazio dell'attenzione che vorrete riservare alla mia domanda
• *J'espère que ma candidature sera favorablement reçue*	Spero che la mia candidatura sarà accolta favorevolmente
• *J'espère que ma candidature sera susceptible de vous intéresser*	Spero che la mia candidatura potrà interessarVi

RISPOSTA POSITIVA

A riferimento alla domanda
B accordi per un'appuntamento

Monsieur,
Nous avons bien reçu votre demande d'emploi pour un poste de comptable (**A**) *et vous remercions.*
Votre candidature ayant été retenue, vous voudrez bien vous présenter au Service du Personnel le 3 mars à 10 heures (**B**), *en vue de participer à un examen de sélection et à des tests.*
Veuillez agréer, Monsieur, nos salutations distinguées.

Egregio Signore,
abbiamo ricevuto la Sua domanda per un posto di contabile e La ringraziamo.
La informiamo che la Sua candidatura è stata accettata e **La preghiamo di presentarsi il** 3 marzo **alle ore** 10 **al nostro Ufficio del Personale,** per essere sottoposto a un esame di selezione e a dei test.
Distinti saluti.

Madame,
Votre lettre du 9 courant, par laquelle vous sollicitez un emploi de Responsable des Achats dans notre société, nous est bien parvenue (**A**) *et a retenu toute notre attention.*
Nous souhaiterions avoir un entretien avec vous dès que possible.
Nous vous demandons donc de téléphoner à Monsieur Pierre Ribaud, tél. 40 29 37 89, pour prendre un rendez-vous (**B**).
Veuillez agréer, Madame, nos salutations distinguées.

Gentile Signora,
abbiamo ricevuto la Sua lettera del 9 c.m., con la quale sollecita il posto di Responsabile degli acquisti resosi vacante nella nostra società e l'abbiamo esaminata con la massima attenzione.
Desidereremmo avere un colloquio con Lei appena possibile.
La preghiamo quindi di contattare il Signor Pierre Ribaud, tel. 40 29 37 89, **per fissare un appuntamento.**
Distinti saluti.

Altre formule

A

• *Nous venons de recevoir votre demande d'emploi du...*	Abbiamo appena ricevuto la Sua domanda di impiego del...
• *Votre lettre du..., nous demandant un emploi de..., nous est bien parvenue*	Ci è pervenuta la Sua lettera del..., con la quale sollecita un impiego di...

B

• *Nous vous prions de bien vouloir vous présenter à nos bureaux le... prochain à... h pour avoir un entretien avec le chef du personnel, Monsieur...*	La preghiamo di volerSi presentare ai nostri uffici il... alle ore... per avere un colloquio con il Capo del Personale, Signor...
• *Pour que nous puissions examiner votre candidature, nous vous invitons à venir à notre siège social...*	Per poter esaminare la Sua candidatura, La invitiamo a presentarSi alla nostra sede sociale...
• *Nous vous prions de bien vouloir contacter Madame..., tél. ..., pour un rendez-vous*	La preghiamo di voler contattare la Signora..., tel. ..., per un appuntamento

RISPOSTA NEGATIVA

A riferimento alla domanda
B rifiuto della candidatura
C motivazione
D promessa di tenere in evidenza la candidatura

Monsieur,
Nous avons bien reçu votre demande d'emploi du 7 courant (**A**).
Nous regrettons de ne pas pouvoir lui donner une

suite favorable (**B**), *car l'emploi que vous sollicitez est déjà occupé par une autre personne* (**C**).
Toutefois, au cas où un poste se libèrerait nous serons heureux de faire appel à vous (**D**).
Veuillez agréer, Monsieur, nos salutations distinguées.

Egregio Signore,
abbiamo ricevuto la Sua domanda di impiego del 7 c.m.
Siamo spiacenti di doverLe comunicare che non è stata accolta, poiché il posto cui Lei aspirava è già stato occupato.
Tuttavia, **qualora dovessero crearsi dei posti vacanti tra il nostro personale, saremo lieti di metterci in contatto con Lei.**
Distinti saluti.

Madame,
Votre lettre du 25 écoulé nous demandant un emploi de traductrice nous est bien parvenue (**A**).
Nous avons le regret de vous informer qu'il nous est impossible, en ce moment, de prendre en considération votre candidature (**B**), *car notre personnel est déjà au complet* (**C**).
Toutefois, nous ne manquerons pas de vous convoquer dès que l'occasion s'en présentera (**D**).
Veuillez agréer, Madame, l'expression de nos sentiments respectueux.

Gentile Signora,
abbiamo ricevuto la Sua lettera del 25 ultimo scorso, **che ci sollecitava un impiego** di traduttrice.
Siamo spiacenti di informarLa che non ci è al momento possibile prendere in considerazione la Sua candidatura, essendo il nostro personale al completo.
Tuttavia **non mancheremo di convocarLa, non appena se ne presenterà l'opportunità.**
Vogliate gradire i nostri più distinti saluti.

Altre formule

A

(vedi pag. 165)

B

• *Nous regrettons vivement de ne pouvoir vous répondre favorablement, ...*	Siamo spiacenti di non poterLe dare una risposta positiva, ...
• *Malheureusement, nous ne pouvons pas prendre en considération votre demande*	Purtroppo non possiamo prendere in considerazione la Sua domanda

C

• *En effet, aucun des emplois susceptibles de vous intéresser n'est vacant en ce moment*	In effetti, nessuno degli impieghi che La possono interessare è libero in questo momento
• *..., ayant engagé quelqu'un d'autre pour l'emploi que vous sollicitez*	..., avendo assunto un'altra persona per l'impiego da Lei richiesto

D

• *Nous vous donnons l'assurance que nous ne manquerons pas de vous contacter à l'avenir si le cas se présentait*	Le assicuriamo che non mancheremo di contattarLa in futuro se si dovesse presentare l'occasione

CURRICULUM VITAE

Allegato alla domanda di impiego, questo documento costituisce la prima presentazione del candidato. È quindi essenziale che sia redatto in modo chiaro, sintetico, ordinato e formalmente accurato. Contiene tutti i dati personali del candidato presentati in forma schematica nell'ordine seguente:

- nome e cognome
- indirizzo e numero di telefono
- data e luogo di nascita
- situazione familiare
- istruzione
- esperienze lavorative
- motivo della domanda
- reference

NOM	*Vassallo*
PRÉNOM	*Alessandra*
ADRESSE	*Viale Abruzzi 80* *20129 Milan*
TÉLÉPHONE	*02/29 40 71 12*
LIEU ET DATE DE NAISSANCE	*Milan, le 3 janvier 1970*
SITUATION DE FAMILLE	*célibataire*
FORMATION:	
DIPLÔME	*baccalauréat technico-commercial à l'ITC Besta de Milan en 1989*
CONNAISSANCES	*langues parlées et écrites:* • *italien (langue maternelle)* • *français (parlé, écrit)* • *anglais (parlé, écrit)* *dactylographie* *informatique (notions)*
STAGES ET SÉJOURS À L'ÉTRANGER	*stage d'un mois à Lyon en 1990 (auprès de l'Institut de Recherches technologiques);* *plusieurs séjours de quelques semaines en France*
EXPÉRIENCE	*d'octobre 89 à novembre 90: secrétaire dans une agence de voyages;* *depuis mars 91: comptable dans une société de représentations industrielles*
RAISON MOTIVANT LA DEMANDE	*amélioration de situation*
RÉFÉRENCES	*Proviseur ITC Besta* *Directeur Agence de Voyages*

COGNOME	Vassallo
NOME	Alessandra
INDIRIZZO	Viale Abruzzi 80 20129 Milano
TELEFONO	02/29 40 71 12
LUOGO E DATA DI NASCITA	Milano, 3 gennaio 1970
SITUAZIONE FAMILIARE	nubile
ISTRUZIONE:	
TITOLO DI STUDIO	maturità tecnico-commerciale presso ITC Besta di Milano nel 1989
CONOSCENZE	lingue parlate e scritte: • italiano (lingua madre) • francese (parlato e scritto) • inglese (parlato e scritto) dattilografia informatica (nozioni)
STAGES E SOGGIORNI ALL'ESTERO	stage di un mese a Lione nel 1990 (presso l'Istituto di Ricerche tecnologiche); numerosi soggiorni di alcune settimane in Francia
ESPERIENZE	dall'ottobre '89 al novembre '90: segretaria presso un'agenzia viaggi; dal marzo '91: contabile presso una società di rappresentanze industriali
MOTIVO DELLA DOMANDA	miglioramento
REFERENZE	Preside ITC Besta Direttore Agenzia Viaggi

TERMINI UTILI

accettare una candidatura	*retenir une candidature*
l'addetto commerciale	*l'attaché commercial*
un annuncio su...	*une annonce dans...*
candidarsi	*proposer sa candidature*
la candidatura	*la candidature*
il capo del personale	*le chef du personnel*
il colloquio	*l'entretien*
contattare	*contacter*
convocare	*convoquer*
la convocazione	*la convocation*
la domanda d'impiego	*la demande d'emploi*
l'impiego	*l'emploi*
la laurea	*le diplôme*
la maturità	*le baccalauréat*
il miglioramento	*l'amélioration*
nubile/celibe	*célibataire*
il profilo	*le profil*
il posto	*le poste*
posto vacante	*poste vacant*
il ragioniere/il contabile	*le comptable*
il responsabile degli acquisti	*le responsable des achats*
la selezione	*la sélection*
sollecitare/chiedere	*solliciter*
lo stipendio	*le salaire*
la traduttrice	*la traductrice*
l'ufficio del personale	*le service du personnel*
vacante	*vacant*

ORGANIZZAZIONE DI VIAGGI E PRENOTAZIONI ALBERGHIERE

Le lettere di questo tipo sono scritte sia da aziende sia da privati e riguardano:

- richieste di condizioni
- prenotazioni
- modifiche e annullamenti di prenotazioni

L'albergatore risponderà con una lettera di conferma.

RICHIESTA DI CONDIZIONI

A motivo della lettera
B richiesta di informazioni e di condizioni

Objet: demande de conditions
Monsieur,
Nous devons organiser un séjour pour 20 collaborateurs de notre société à l'occasion du Salon de la Machine-Outil qui se tiendra du 6 au 15 juin prochain (**A**).
Nous aurions besoin des chambres suivantes:
– 5 chambres à deux lits avec salle de bains et petit déjeuner compris, du 2 au 18 juin inclus
– 10 chambres à un lit avec salle de bains et petit déjeuner compris, du 5 au 14 juin inclus.
Nous aimerions, en outre, utiliser une de vos salles de conférence (capacité 50 personnes) le 13 juin toute la journée.
Nous vous saurions gré de nous faire connaître au plus tôt vos conditions éventuelles (**B**) *et de nous envoyer une brochure sur votre établissement.*
Nous restons dans l'attente de votre réponse et vous prions d'agréer, Monsieur le Directeur, nos salutations distinguées.

Oggetto: richiesta di condizioni
Egregio Signor Direttore,
dobbiamo organizzare un soggiorno per 20 collaboratori della nostra ditta **in occasione del** Salone della Macchina Utensile che si terrà dal 6 al 15 giugno prossimi.
Avremmo bisogno delle seguenti camere:
- 5 camere a due letti con bagno e colazione per il periodo dal 2 al 18 giugno compreso
- 10 camere singole con bagno e colazione per il periodo dal 5 al 14 giugno compreso.

Desidereremmo inoltre servirci di una delle Vostre sale da conferenza (capacità 50 persone) per tutta la giornata del 13 giugno.
Vi preghiamo di farci conoscere al più presto la Vostra disponibilità e le Vostre condizioni e di inviarci una documentazione sull'albergo.
Restiamo in attesa della Vostra risposta e porgiamo i nostri più distinti saluti.

Monsieur,
Ayant l'intention de passer une semaine de vacances dans votre ville avec ma famille (**A**), *j'aimerais savoir quels sont vos tarifs de pension complète et de demi-pension pour le mois de juillet* (**B**).
Veuillez avoir l'amabilité de m'envoyer aussi un dépliant de votre hôtel.
Je vous remercie d'avance et vous prie d'agréer, Monsieur le Directeur, mes meilleures salutations.

Egregio Signor Direttore,
avendo intenzione di passare una settimana di vacanza nella Sua città con la mia famiglia, gradirei sapere quali sono le Sue tariffe di pensione completa e di mezza pensione **per** il mese di luglio.
La prego anche di spedirmi gentilmente un dépliant dell'albergo.
La ringrazio in anticipo e porgo i miei migliori saluti.

Altre formule

A

• *L'Association... est en train d'organiser un séminaire...*	L'Associazione... sta organizzando un seminario...
• *Notre société a l'intention de réunir à... ses représentants*	La nostra ditta ha intenzione di riunire a... i suoi rappresentanti
• *L'été prochain je désire passer trois semaines dans votre station*	L'estate prossima desidero trascorrere tre settimane nella Vostra Località

B

• *Veuillez me préciser s'il vous serait possible d'accueillir...*	Vogliate precisarmi se Vi sarebbe possibile accogliere...
• *Nous vous saurions gré de nous faire parvenir rapidement vos propositions*	Vi saremmo grati di volerci inviare rapidamente le Vostre proposte
• *Veuillez m'indiquer vos prix de...*	Vogliate indicarmi i Vostri prezzi di...

PRENOTAZIONI

A motivo della lettera o riferimento ai contatti precedenti
B prenotazione
C richiesta di conferma

Objet: réservation
Monsieur,
Nous vous remercions de nous avoir fait parvenir vos conditions par votre lettre du 14 courant (**A**) *et nous avons l'avantage de vous confirmer la réservation de 15 chambres à un lit avec salle de bains et pension complète du 13 au 16 mai compris* (**B**).
Veuillez prendre note aussi que toutes les prestations

devront être intégralement facturées à notre maison.
Nous restons dans l'attente de votre confirmation par télex (**C**) *et vous prions d'agréer, Monsieur, nos salutations distinguées.*

Oggetto: prenotazione
Egregio Signor Direttore,
La ringraziamo della Sua lettera del 14 c.m. **con le condizioni** praticate dal Suo albergo e **siamo lieti di confermarLe la prenotazione di** 15 camere singole con bagno in pensione completa **dal** 13 **al** 16 maggio **compreso**.
Voglia prendere nota inoltre che tutte le prestazioni offerte dovranno essere a carico della nostra ditta.
Restiamo in attesa della Sua conferma via telex e distintamente salutiamo.

Monsieur,
Ayant l'intention de me rendre à Tours le mois prochain (**A**), *je vous prie de bien vouloir me réserver une chambre avec grand lit et une chambre à deux lits du 14 au 21 juillet compris, toutes les deux avec salle de bains et petit déjeuner compris* (**B**).
J'attends votre confirmation par retour du courrier (**C**).
Veuillez agréer, Monsieur, mes salutations distinguées.

Egregio Signor Direttore,
avendo intenzione di recarmi a Tours il mese prossimo, **La prego di volermi prenotare** una camera con letto matrimoniale e una camera a due letti **dal** 14 **al** 21 luglio **compreso**, tutte e due con bagno e colazione compresa.
Attendo la Sua conferma a stretto giro di posta.
Distinti saluti.

Altre formule

A

• *Nous référant à votre offre du...*	Con riferimento alla Vostra offerta del...
• *Suite à notre conversation téléphonique de ce matin,...*	In seguito alla nostra telefonata di stamattina...
• *Plusieurs employés de notre entreprise devant participer au Salon du...*	Poiché alcune persone della nostra azienda devono partecipare al Salone del...

B

• *Veuillez nous réserver...*	Vogliate prenotarci...
• *Nous vous saurions gré de nous réserver...*	Vi saremmo grati di volerci prenotare

C

• *Dans l'attente de votre confirmation...*	In attesa della Vostra conferma...
• *Veuillez confirmer par télex*	Vogliate confermare per telex
• *Merci de bien vouloir confirmer*	Vi preghiamo di voler cortesemente confermare

CONFERMA

A riferimento alla prenotazione
B conferma della prenotazione

Monsieur,
Nous vous remercions de votre lettre du 14 mars (**A**) *et nous avons le plaisir de mettre à votre disposition, du 7 au 12 avril, en demi-pension, 6 chambres à 1 lit, avec salle de bains, pourvues de tout confort* (**B**).

Le prix par jour et par personne est de 35,00 €, service et taxes inclus.
Au plaisir de vous accueillir parmi nos hôtes, nous vous présentons, Monsieur, nos sincères salutations.

Egregio Signore,
La ringraziamo della Sua lettera del 14 marzo e **abbiamo il piacere di mettere a Sua disposizione, dal** 7 **al** 12 aprile, **in** mezza pensione, 6 camere singole con bagno provviste di ogni confort.
Il prezzo al giorno per persona è di 35,00 €, servizio e tasse compresi.
In attesa di poterLa accogliere tra i nostri ospiti, porgiamo i nostri più distinti saluti.

Altre formule

A

• *En réponse à votre lettre du...*	In risposta alla Sua lettera del...
• *Suite à votre lettre du...*	Facendo seguito alla Vostra lettera del...

B

• *Nous vous confirmons la réservation de... chambres... du... au...*	Vi confermiamo la prenotazione di... camere... dal... al...
• *Nous pouvons vous assurer l'hébergement de... personnes en chambres... pour la période indiquée*	Possiamo assicurarVi l'alloggio di... persone in camere... per il periodo indicato

MODIFICHE E ANNULLAMENTI DI PRENOTAZIONI

A riferimento alla prenotazione
B richiesta di modifica o annullamento con motivazione
C ringraziamenti

Monsieur le Directeur,
Par notre lettre du 30 septembre nous avions réservé dans votre hôtel 3 chambres à deux lits avec douche et wc du 14 au 18 novembre (**A**).
Nous sommes au regret de vous informer que, pour des motifs de travail, notre groupe ne sera pas à même de respecter les dates prévues.
Nous vous serions obligés de nous faire savoir si vous pouvez le recevoir du 22 au 28 novembre (**B**).
Nous espérons que ce contretemps ne vous gênera pas trop et attendons votre confirmation.
Veuillez agréer, Monsieur le Directeur, avec nos remerciements (**C**), *nos meilleures salutations.*

Egregio Signor Direttore,
con la nostra lettera del 30 settembre, **avevamo fatto una prenotazione per** 3 camere a due letti con doccia e wc **dal** 14 **al** 18 novembre.
Dobbiamo purtroppo informarLa che, **per motivi di lavoro, il nostro gruppo non sarà in grado di rispettare le date previste.**
Le saremmo grati di volerci comunicare se potrà riceverlo invece dal 22 **al** 28 novembre.
Speriamo che questo contrattempo non Le sia di troppo disturbo e attendiamo la Sua conferma.
La ringraziamo e porgiamo i nostri migliori saluti.

Monsieur,
Je me réfère à ma lettre du 23 mai, par laquelle j'avais réservé deux chambres à deux lits du 16 au 18 juin (**A**).
Or, à cause d'un contretemps indépendant de ma volonté, je suis au regret de vous demander d'annuler ma réservation (**B**).
J'espère que vous pourrez accepter ma demande et je vous remercie d'avance de votre compréhension (**C**).
Veuillez agréer, Monsieur le Directeur, mes salutations distinguées.

Egregio Signor Direttore,
faccio riferimento alla mia lettera del 23 maggio, **con la quale avevo prenotato** due camere a due letti **dal** 16 **al** 18 giugno.
A causa di un contrattempo indipendente dalla mia volontà, sono spiacente di doverLe chiedere di annullare la mia prenotazione.
Spero che potrà accettare la mia richiesta e **la ringrazio in anticipo della Sua comprensione.**
Distinti saluti.

Altre formule

A

• *Nous référant à notre lettre du...*	Riferendoci alla nostra lettera del...
• *Suite à notre réservation de...*	Facendo seguito alla nostra prenotazione di...

B

• *Veuillez avoir l'amabilité d'annuler notre réservation*	Vi preghiamo gentilmente di voler annullare la nostra prenotazione
• *Des circonstances imprévues nous obligent à remettre notre voyage et à vous demander d'annuler notre réservation*	Circostanze impreviste ci obbligano a rimandare il nostro viaggio e a chiederVi di annullare la nostra prenotazione
• *Nous sommes obligés de vous demander de modifier les dates de notre séjour chez vous*	Siamo costretti a chiederVi di modificare le date del nostro soggiorno presso di Voi

C

• *Merci d'avance*	Grazie in anticipo
• *Nous vous remercions de votre obligeance*	La ringraziamo della Sua gentilezza

TERMINI UTILI

alloggio	*l'hébergement*
l'annullamento	*l'annulation*
annullare	*annuler*
la camera matrimoniale	*la chambre avec grand lit*
camera a due letti	*chambre à deux lits*
camera singola	*chambre à un lit/simple/ individuelle*
la colazione	*le petit déjeuner*
compreso	*compris*
la conferma	*la confirmation*
confermare	*confirmer*
confort/comodità	*le confort*
disponibile	*disponible*
in mezza pensione	*en régime de demi-pension*
in pensione completa	*pension complète*
mettere a disposizione	*mettre à disposition*
ospite	*l'hôte*
il periodo	*la période*
prenotare	*réserver*
la prenotazione	*la réservation*
provvisto di	*pourvu de*
ricevere	*accueillir*
rimandare	*remettre*
servizio	*le service*
il soggiorno	*le séjour*
la tariffa	*le tarif*

INCONTRI DI LAVORO E RELAZIONI TRA DITTE

Sotto questo titolo, un po' vago, sono riuniti alcuni modelli di lettere non facilmente catalogabili: essi riguardano la richiesta o l'organizzazione di appuntamenti e riunioni, oppure sono esempi di comunicazioni tra aziende su svariati argomenti.

RICHIESTE DI APPUNTAMENTO

A richiesta di appuntamento
B richiesta di comunicazione o di conferma della data

Monsieur,
Monsieur Leopoldes aimerait pouvoir vous rencontrer dans vos bureaux lunedi 30 novembre en fin d'après-midi (**A**).
Pouvez-vous, s'il vous plaît, nous confirmer si cette date vous convient (**B**)*?*
Nous vous remercions de bien vouloir donner votre réponse par retour du courrier et vous adressons nos meilleures salutations.

Egregio Signore,
il Signor Leopoldes **desidererebbe poterLa incontrare presso la Sua ditta** lunedì 30 novembre nel tardo pomeriggio.
Potrebbe confermarci, per favore, se è d'accordo con questa data?
La ringraziamo di volerci cortesemente rispondere con urgenza e porgiamo i nostri migliori saluti.

Monsieur,
Suite à votre demande de renseignements du 28 décembre dernier.
Monsieur Fuber, notre collaborateur, souhaite vivement pouvoir vous informer des possibilités offertes par nos services (**A**).
Aussi vous serait-il très obligé de lui faire savoir les jour et heure qui vous conviendraient pour un entretien (**B**).
Nous restons à votre disposition pour tous les renseignements complémentaires qu'il vous plairait de nous demander.
Veuillez recevoir, Monsieur, nos salutations distinguées.

Egregio Signore,
facciamo seguito alla Sua richiesta di informazioni del 28 dicembre scorso.
Il Signor Fuber, nostro collaboratore, **è ansioso di poterLa informare delle possibilità offerte dai nostri servizi.**
Le sarebbe quindi grato di volergli comunicare il giorno e l'ora che ritiene più adatti per un colloquio.
Restiamo a Sua disposizione per qualunque altra informazione dovesse desiderare e distintamente La salutiamo.

✉ *Altre formule*

A

- *Notre représentant Monsieur... aura le plaisir de vous rendre visite dans la semaine du..., pour vous présenter notre collection...*

  Il nostro rappresentante Signor... avrà il piacere di passare da Voi la settimana del... per presentarVi la nostra collezione...

• *Je serais heureux de vous rencontrer à l'occasion du prochain Salon...*	Sarei lieto di incontrarLa in occasione del prossimo Salone del...

B

• *Veuillez nous indiquer une date à votre convenance*	Voglia indicarci una data di Suo gradimento
• *Nous vous serions obligés de bien vouloir nous confirmer si la date du 28 octobre vous convient*	Le saremmo grati di volerci confermare se il 28 ottobre Le potrà andar bene

RISPOSTE

A riferimento alla lettera precedente
B conferma dell'appuntamento

Messieurs,
Nous vous remercions de votre lettre du 25 février (**A**). *Nous pourrons recevoir votre collaborateur Monsieur Albin le 3 mars prochain à 10 heures dans nos bureaux* (**B**).
Veuillez agréer, Messieurs, nos salutations distinguées.

Vi ringraziamo della Votra lettera del 25 febbraio e **potremo ricevere il** Vostro collaboratore **Signor** Albin **il** 3 marzo **alle ore** 10 **nei** nostri uffici.
Distinti saluti.

Monsieur,
Nous avons bien reçu votre lettre du 13 avril (**A**), *nous proposant un entretien, et nous nous ferons un plaisir de vous rencontrer à la date que vous indiquez à notre stand de la BIMU* (**B**), *pour discuter avec vous*

les perspectives offertes à notre collaboration.
Dans l'attente de cette rencontre, nous vous prions d'agréer, Monsieur, l'assurance de notre parfaite considération.

Egregio Signore,
abbiamo ricevuto la Sua lettera del 13 aprile, che ci proponeva un colloquio e **saremo lieti di incontrarLa alla data da Lei indicata al** nostro stand alla BIMU, per discutere con lei le prospettive aperte alla nostra collaborazione.
In attesa di questo incontro, La salutiamo distintamente.

Altre formule

A

• *Suite à votre lettre du...*	In riferimento alla Vostra lettera del...
• *Nous référant à votre proposition d'une rencontre dans vos bureaux le...*	Con riferimento alla Vostra proposta di un incontro presso di Voi il...

B

• *Nous sommes heureux de vous confirmer que la date et l'heure que vous avez proposées nous conviennent parfaitement*	Siamo lieti di informarVi che la data e l'ora proposte sono di nostro completo gradimento
• *Je serai à Milan le 3 juin et je vous recevrai volontiers dans l'après-midi*	Sarò a Milano il 3 giugno e La riceverò volentieri nel pomeriggio

PRESENTAZIONI

A presentazione della persona o ditta
B speranza di una buona accoglienza

Monsieur,
J'ai le plaisir de vous présenter Monsieur Charles Valéry, nouveau Directeur Commercial de la Société Alphatec (**A**), *notre partenaire en Belgique.*
La semaine prochaine, Monsieur Valéry sera en Italie pour prendre les premiers contacts avec les clients italiens et pour rechercher de nouveaux débouchés pour sa production. Je vous serais reconnaissant de bien vouloir le recevoir et de mettre à sa disposition votre longue expérience dans notre secteur (**B**).
Je vous remercie d'avance de l'accueil que vous voudrez lui réserver et je vous prie d'agréer, Monsieur, mes plus cordiales salutations.

Egregio Signore,
ho il piacere di presentarLe il Signor Charles Valéry, nuovo Direttore Commerciale della Ditta Alphatec, nostro partner in Belgio.
La settimana prossima il Signor Valéry sarà in Italia per prendere i primi contatti con i clienti italiani e per cercare nuovi sbocchi per i suoi prodotti. **Le sarei grato di volerlo ricevere e di mettere a sua disposizione la Sua lunga esperienza nel nostro settore.**
La ringrazio anticipatamente dell'accoglienza che vorrà riservargli e La prego di gradire i miei più cordiali saluti.

Altre formule

A

• *Permettez-nous de vous présenter par cette lettre Monsieur...*	Permetteteci di presentarVi con questa lettera il Signor...
• *Nous sommes heureux de vous présenter Madame...*	Siamo lieti di presentarVi la Signora...

B

• *Je vous saurais gré de bien vouloir l'introduire auprès de vos associés*	Le sarei obbligato di volerlo presentare ai Suoi soci

- *Nous aimerions savoir s'il vous serait possible de l'accompagner au cours de ses visites* — Vorremmo sapere se Vi sarà possibile accompagnarlo nel corso delle sue visite

ORGANIZZAZIONE DI RIUNIONI

A invito o conferma o spostamento di data per una riunione
B informazioni sugli argomenti della riunione
C altre indicazioni

Monsieur le Directeur,
Nous avons l'honneur de vous inviter, par la présente, aux discussions qui auront lieu au siège parisien de la HAVAS du 12 au 15 janvier prochain (**A**). *Ces dernières porteront sur la création de la HAVAS POLSKA* (**B**).
Les frais du billet d'avion VARSOVIE-PARIS-VARSOVIE et d'hôtel seront à notre charge (**C**).
Veuillez agréer, Monsieur le Directeur, l'expression de nos sentiments distingués.

Egregio Signor Direttore,
abbiamo l'onore di invitarLa con la presente **alle** discussioni **che avranno luogo** alla HAVAS **a** Parigi **dal** 22 **al** 15 gennaio prossimi.
Queste avranno come oggetto la creazione della HAVAS POLSKA.
Le spese del biglietto aereo VARSAVIA-PARIGI-VARSAVIA e di hotel **saranno a nostro carico**.
Voglia gradire con l'occasione i nostri più distinti saluti.

Monsieur Le Directeur,
Nous sommes heureux et honorés de vous accueillir dans notre siège parisien le mercredi 7 novembre (**A**).
Nous vous prions de trouver ci-joint:

– *3 plans d'accès*
– *un rappel de l'ordre du jour que nous avons préparé à votre intention* (**B**).

Sachant que vous avez une réunion en début d'après-midi, nous avons organisé à l'issue des discussions une collation qui devrait se terminer à 13h 30 (**C**).
Nous vous prions d'agréer, Monsieur le Directeur, l'expression de notre considération distinguée.

Egregio Signor Direttore,
siamo lieti e onorati di accoglierLa nella nostra sede di Parigi mercoledì 7 novembre.
Le inviamo qui allegate:
– 3 piantine della zona
– **una nota sull'ordine del giorno** che abbiamo preparato per Lei.

Sapendo che è impegnato per una riunione nel primo pomeriggio, **abbiamo organizzato** per la fine delle discussioni un pranzo che dovrebbe terminare verso le ore 13 e 30.
La preghiamo di gradire con l'occasione i nostri più distinti saluti.

Monsieur,
Suite à notre conversation téléphonique du 20 courant, je vous confirme notre invitation à une réunion de travail le 24 novembre prochain de 10 h è 18 h (**A**). *Cette réunion se tiendra dans les locaux de notre société, 13 avenue des Champs-Elysées, Paris 8e, salle no 10.*
Comme convenu, cette réunion s'articulera autour des points suivants:
– *inventaire des projets*
– *étude sur les possibilités de coopération*
– *proposition d'actions* (**B**).

Une démonstration de nos produits sera effectuée par un de nos spécialistes (**C**).
Afin de limiter les formalités au moment de votre arrivée, je vous serais reconnaissant de bien vouloir me communiquer pour le 27 avril les nom, prénom et

nationalité de chaque membre de la délégation qui vous accompagnera.
Dans l'attente de vous revoir, je vous prie d'agréer, Monsieur, l'assurance de mes sentiments les meilleurs.

Egregio Signore,
facendo seguito alla telefonata del 20 c.m., **Le confermo il nostro invito a** una riunione di lavoro **il** 24 novembre prossimo dalle ore 10 alle ore 18. Questa riunione si terrà presso i locali della nostra società al 13 dell'avenue des Champs-Elysées, Parigi 8°, nella sala n. 10.
Come concordato, **questo incontro si articolerà sui punti seguenti**:
– inventario dei progetti
– studio delle possibilità di cooperazione
– proposta di interventi
Una dimostrazione dei nostri prodotti sarà effettuata da un nostro specialista.
Allo scopo di limitare le formalità al momento del Vostro arrivo, La pregherei di volermi comunicare entro il 27 aprile i nomi, cognomi e nazionalità di ogni membro della delegazione che La accompagnerà.
In attesa di rivederLa, La saluto distintamente.

Monsieur le Directeur,
Nous vous remercions d'avoir accepté notre invitation à une présentation de notre groupe le 20 octobre prochain (**A**)*, nous permettant de vous décrire les compétences et les stratégies de notre groupe* (**B**).
Vous voudrez bien trouver ci-joint l'ordre du jour mis au point suivant les conseils de Monsieur Pierre (**B**).
Un plan d'accès de notre site de Paris, lieu de notre rencontre, est aussi joint en annexe à toutes fins utiles.
N'hésitez pas à contacter Monsieur Gerard ou moi-même, pour toute autre question que vous désireriez voir traiter (**C**).
Dans l'attente de votre visite, nous vous prions d'agréer, Monsieur le Directeur, l'expression de toute notre considération.

Egregio Signor Direttore,
La ringraziamo di aver accettato il nostro invito ad una presentazione **il** 10 ottobre prossimo, **che ci permetterà di** descriverLe le competenze e le strategie del nostro gruppo.
Troverà qui accluso l'ordine del giorno, definito seguendo i consigli del Signor Pierre.
Alleghiamo inoltre, ad ogni buon conto, una piantina del quartiere della nostra sede a Parigi, luogo del nostro incontro.
Non esiti a contattare me o il Signor Gerard, per qualunque questione che vorrebbe vedere trattata.
In attesa della Sua visita, porgo con l'occasione i miei più distinti saluti.

Monsieur,
Notre Directeur, Monsieur Dupont, étant actuellement très pris nous nous trouvons dans l'impossibilité d'organiser la présentation que nous avions initialement prévue pour le 26 ou 27 novembre (**A**).
Nous vous proposons donc de la reporter à une date à votre convenance (**C**) *et vous soumettons en annexe le programme que nous envisageons de vous présenter.*
Pourriez-vous nous dire si ce programme vous convient et nous indiquer le nom des personnes de votre division qui vous accompagneraient dans cette visite de nos bureaux de Paris?
Nous vous prions de croire, Monsieur, à l'assurance de nos meilleures salutations.

Egregio Signore,
a causa di impegni incompatibili del Signor Dupont, nostro direttore, **non ci è possibile organizzare la** presentazione **che avevamo inizialmente previsto per il** 26 o 27 novembre.
Le proponiamo quindi di rimandarla ad una data di Suo gradimento e Le inviamo qui allegato il programma che prevediamo di presentare.
Potrebbe confermarci se è d'accordo con questo programma e comunicarci i nomi delle persone della Sua

divisione che La accompagnerebbero in questa visita dei nostri uffici a Parigi?
Le inviamo con l'occasione i nostri più distinti saluti.

VARIE

Monsieur,
Veuillez trouver ci-joint les coordonnées des exposants à DECOSIT.
Nous vous serions reconnaissants de voir s'ils peuvent être intéressés par notre matériel et de nous tenir au courant du suivi.
Meilleures salutations

Egregio Signore,
Le invio in allegato i dati degli espositori alla DECOSIT.
La prego di vedere se possono essere interessati ai nostri prodotti e di tenerci al corrente di un eventuale seguito.
Cordialmente

Monsieur,
Je vous remercie de m'avoir fait part du changement de vos coordonnées professionnelles, et je vous souhaite dans vos nouvelles fonctions tout le succès que vous en attendez.
Ce petit mot me donne l'occasion de vous faire savoir qu'après une étude conduite à l'intérieur de notre groupe sur nos projets européens nous avons préparé un rapport résumant nos positions.
Si vous le souhaitez, je suis prêt à vous rencontrer, quand vous voudrez, pour vous le présenter et vous le commenter.
Dans l'attente de votre réponse, je vous prie d'agréer, Monsieur, l'assurance de mes sentiments les meilleurs.

Egregio Signore,
La ringrazio di avermi gentilmente informato del Suo nuovo lavoro e Le auguro ogni successo nelle attuali funzioni.

Colgo l'occasione, con queste due righe, per comunicarLe che, in seguito ad una riflessione interna al gruppo sui nostri progetti europei, abbiamo preparato un documento che riassume le nostre posizioni.
Se lo desidera, **sono pronto ad incontrarLa,** a Suo comodo, per presentarLe questo documento e commentarlo.
In attesa della Sua risposta, La saluto distintamente.

Messieurs,
Nous tenons particulièrement à vous remercier d'avoir si aimablement accueilli chez vous notre collaborateur M. Dominique Darville.
Nous sommes certains que les accords conclus durant sa visite auront des résultats satisfaisants.
Nous espérons que ces entretiens auront pu améliorer sensiblement les contacts entre nos deux sociétés.
Bien cordialement.

Egregi Signori,
Vi ringraziamo sentitamente della cortese accoglienza che avete riservato al nostro collaboratore Signor Dominique Darville.
Siamo certi che gli accordi conclusi durante la sua visita porteranno a dei risultati soddisfacenti e **speriamo che** questi colloqui abbiano migliorato sensibilmente i rapporti tra le nostre due società.
Cordialmente.

Messieurs,
Nous avons appris par la presse que vous allez ouvrir deux nouvelles succursales à Madrid et à Barcelone.
En cette occasion, nous tenons particulièrement à vous adresser tous nos vœux de succès pour votre nouvelle activité en Espagne.
Nous espérons continuer à collaborer dans la même atmosphère de confiance, ce qui nous permettra de développer nos échanges commerciaux.
Nous vous prions d'agréer, Messieurs, nos plus sincères salutations.

Abbiamo appreso dalla stampa che state per aprire due nuove succursali a Madrid e a Barcellona.
In questa occasione teniamo a formulare i nostri migliori auguri di successo per questa Vostra nuova attività in Spagna.
Speriamo che la nostra collaborazione continuerà a svolgersi nella stessa atmosfera di fiducia per poter sviluppare meglio i nostri rapporti commerciali.
Vogliate gradire i nostri più sinceri saluti.

Lyon, le 15 décembre 1993
La société PIEREXPORT S.A. vous souhaite de joyeuses fêtes de Noël et une bonne et heureuse année.

Lione, 15 dicembre 1993
La ditta PIEREXPORT S.A. **Vi augura** Buon Natale e Buon Anno.

TERMINI UTILI

accogliere	*accueillir*
accompagnare	*accompagner*
andar bene/essere d'accordo su	*convenir*
appuntamento	*le rendez-vous*
aver luogo/svolgersi/tenersi	*avoir lieu/se tenir*
il colloquio	*l'entretien*
confermare	*confirmer*
le discussioni	*les discussions*
di Suo gradimento/a Suo comodo	*à votre convenance*
essere impegnato	*être retenu*
essere lieto di incontrare	*se faire un plaisir de rencontrer*
l'incontro	*la rencontre*

invitare	*inviter*
mettere a disposizione	*mettre à disposition*
l'ordine del giorno	*l'ordre du jour*
organizzare	*organiser*
presentare	*présenter*
presentare a	*introduire auprès de*
ricevere	*recevoir*
la riunione di lavoro	*la réunion de travail*
vertere su/avere come oggetto	*porter sur*
la visita	*la visite*
visitare	*rendre visite*

Corrispondenza privata

IMPOSTAZIONE DI UNA LETTERA PRIVATA

- La lettera privata può essere:
  - **formale**, se è indirizzata a uffici pubblici o a persone che non si conoscono o si conoscono poco
  - **informale**, se è indirizzata ad amici o parenti
- L'impostazione segue in entrambi i casi uno schema fisso.

LETTERE FORMALI

- Impostate in modo analogo alle lettere commerciali, presentano **indirizzo del mittente** e del **destinatario**, **data**, **testo** (costituito dalla **formula iniziale**, dal **testo vero e proprio** e dalla **formula di chiusura**), **firma**.
- Possono essere redatte:
  - *à l'américaine*: i capoversi sono allineati al margine sinistro
  - *à la française*: i capoversi di ogni paragrafo sono rientrati di 5 o 10 spazi.
- Sono scritte in forma semplice, chiara e corretta, alla seconda persona plurale e senza espressioni colloquiali o gergali.

Monsieur et Madame Pierre Dix
20, rue Diderot —— **Mittente**
76000 Rouen

Destinatario —— *Monsieur Roland Langeac*
6, rue Grasset
06000 Nice

Data —— *Rouen, le 15 mai 1993*

Monsieur, —— **Formula iniziale**

Le syndicat d'initiative de Nice m'a signalé que vous aviez un appartement meublé à louer, situé 35, rue d'Angleterre à Nice. Je serais intéressé par cette location pour une période d'un mois, à compter du 15 juillet prochain; mais j'aimerais avoir, avant de prendre une décision, quelques renseignements complémentaires.

Pouvez-vous m'en indiquer la surface totale et le nombre de lits? Par ailleurs, pouvez-vous me préciser le montant du loyer pour la période indiquée et le montant des arrhes à verser?
Peut-on, éventuellement disposer d'un garage?

Je vous serais obligé, en dernier lieu, de m'envoyer un plan de Nice, en indiquant la position de votre appartement et des commerces à proximité .

Testo

Dans l'attente de votre réponse et comptant sur votre diligence, je vous prie d'agréer, Monsieur, l'expression de mes sentiments distingués.

Formula di chiusura

Firma —— *Pierre Dix*

Egregio Dottor
Roland Langeac
6, rue Grasset
06000 Nice

Rouen, 15 maggio 1993

Egregio Signor Langeac,
l'ufficio del Turismo di Nizza mi ha segnalato la possibilità di affittare il Suo appartamento ammobiliato, situato in rue d'Angleterre 35 a Nizza. Mi interesserebbe per un periodo di un mese, a partire dal 15 luglio prossimo, ma, prima di decidermi, vorrei avere qualche informazione in più.
Potrebbe indicarmi la superficie delle stanze e il numero dei letti?
Potrebbe precisarmi anche l'importo dell'affitto per il periodo indicato e l'importo della caparra che richiede?
Ci sarebbe la possibilità di avere un garage?
Le sarei grato infine di inviarmi una piantina di Nizza, indicandovi il Suo appartamento e i negozi vicini.
In attesa della Sua risposta e contando sulla Sua precisione, porgo i miei migliori saluti.

Pierre Dix

Signori Dix
20, rue Diderot
76000 Rouen

Indirizzo del mittente

È scritto in alto a sinistra e comprende:
- nome e cognome
- indirizzo completo: numero civico, seguito dalla virgola e nome della via
- codice postale e nome della città
- nome della nazione o solo iniziale davanti al codice postale

Maurice Moulin
13, avenue de la République
24108 Bergerac
France

Sylvie Ternier
6, boulevard Benoît
F 11012 Carcassonne

Destinatario

È posto in alto a destra, qualche riga sotto il mittente, e comprende le stesse informazioni, sempre precedute da *Monsieur*, *Madame* o *Mademoiselle* scritti per intero e senza nessun aggettivo:

Monsieur Roger Collard *10, rue Kérivin* *F 29200 Brest*	**Egregio Signor** **Roger Collard**

Data

Posta a destra, appena sotto o appena sopra il destinatario, si scrive nella sequenza: nome della città, virgola, articolo *le*, giorno, mese (in parola e minuscolo) e anno:

Milan, le 13 juin 1993	**Milano, 13 giugno 1993**

Testo

È suddiviso in paragrafi separati da interlinea 2. Per le regole di redazione vedi pagg. 11, 197.

Formula iniziale

- È l'*appellation*, cioè il titolo attribuito alla persona a cui si sta scrivendo.
- È obbligatoria, mai abbreviata e sempre seguita dalla virgola.

! Contrariamente a quanto avviene in italiano, non è mai preceduta da aggettivi (Gentile, Egregio, Illustre) nè accompagnata dal nome o dal cognome del destinatario.

- Se si scrive a una persona che non si conosce, o che si conosce poco, è espressa da:

Monsieur,	**Egregio/Gentile Signore,**
	Egregio Signor Rossi,
Madame,	**Gentile Signora,**
Mademoiselle,	**Gentile Signorina,**

- Se si conosce il titolo professionale del destinatario, lo si esprime per intero:

Monsieur le Directeur,	**Egregio Signor Direttore,**
Monsieur le Proviseur,	**Egregio Signor Preside,**

- Se si è in buoni rapporti con il destinatario, anche se gli si dà del Lei, si può scrivere:

Cher Monsieur,	**Caro Signor Bianchi,**
Cher Monsieur et ami,	**Caro amico,**

! A un avvocato o a un notaio si scrive: *Maître*; a un medico: *Monsieur*.

Formula di chiusura

- La *formule de politesse* è una frase cortese che conclude tradizionalmente la lettera e nella quale è obbligatorio ripetere il titolo usato nella formula iniziale.
- La categoria di queste frasi convenzionali è vastissima e la scelta dipende, oltre che da età, sesso e professione di chi scrive e di chi leggerà la lettera, dal tipo di rapporto che esiste tra i due.
- Le formule oggi più comuni, nell'ambito della fraseologia diffusa, sono:
  - se si scrive a un uomo che non si conosce

    Veuillez agréer, Monsieur, l'assurance de mes sentiments distingués
    Je vous prie d'agréer, Monsieur, mes meilleures salutations
    Je vous prie d'accepter, Monsieur, l'expression de mes meilleurs sentiments
    Recevez, Monsieur, l'expression de mes sentiments respectueux / mes bien sincères salutations

  - se si scrive a un uomo che si conosce

    Veuillez croire à mon meilleur souvenir
    Veuillez agréer, Monsieur, l'expression de mes sentiments les plus cordiaux

  - se il destinatario è una donna che non si conosce

    Veuillez agréer, Madame, mes respectueux hommages
    Je vous prie d'agréer, Madame, l'hommage de mes sentiments respectueux / l'hommage de ma respectueuse considération

  - se il destinatario è una donna che si conosce

    Croyez, chère Madame, à l'expression de mes meilleurs sentiments
    Veuillez croire, Madame, à ma très sincère amitié

- Se invece chi scrive è una donna, concluderà così la sua lettera:

  - a un uomo che non conosce

    Veuillez agréer, Monsieur, l'expression de mes sentiments distingués / dévoués / respectueux
    Recevez, Monsieur, l'expression de mes meilleurs sentiments / mes meilleures salutations

  - a un uomo che conosce

    Agréez, Monsieur, mes cordiales salutations
    Veuillez agréer, cher Monsieur, l'expression de ma sympathie

  - a una donna che non conosce

    Veuillez agréer, Madame, l'expression de mes meilleurs sentiments
    Veuillez accepter, Madame, l'expression de ma considération distinguée

  - a una donna che conosce

    Recevez, chère amie, l'expression de mes sentiments amicaux
    Croyez, chère Marguerite, à mon amical souvenir

- A queste e a tantissime altre formule che non riportiamo per motivi di spazio, l'uso sta sostituendo espressioni più brevi e meno cerimoniose, come:

  Respectueusement vôtre
  Sincèrement vôtre
  Bien à vous
  Cordialement à vous
  Bien cordialement
  Très fidèles pensées
  Avec mon amical / fidèle / meilleur souvenir
  Toutes mes amitiés
  Avec ma sincère amitié

! Non è possibile indicare la traduzione delle formule che abbiamo riportato in queste pagine, perché in italiano le espressioni di saluto e di commiato usate per chiudere lettere formali sono meno varie e meno numerose. Prima di concludere una lettera in francese, converrà quindi valutare il ruolo, le caratteristiche del destinatario e il tipo di rapporto che abbiamo con lui, per scegliere opportunamente il tono più adeguato e la formula di chiusura corrispondente.

Firma

Posta in basso, a destra, è manoscritta o eventualmente anche dattilografata, nel caso in cui si scriva a qualcuno che non si conosce.

LETTERE INFORMALI

- La loro strutturazione è meno rigida che nelle lettere formali: l'**indirizzo del mittente** e l'**indirizzo del destinatario** possono mancare o essere incompleti.
- Sono scritte a mano, a rientrare o a blocchi (vedi pag. 197) e anche la **firma** è solo manoscritta.
- Si usa generalmente la seconda persona singolare; tuttavia, e diversamente dall'italiano, ancora oggi, talvolta, si usa il *vous* anche nel caso di relazioni di parentela (i giovani nei confronti degli anziani) o di amicizia tra adulti.
- Il **linguaggio** è estremamente variabile in funzione delle caratteristiche dei due corrispondenti (età, cultura, sesso, professione) e del tipo di rapporto esistente tra loro. Subisce l'influenza della lingua parlata: è corretto, ma meno attento alle innumerevoli esigenze della grammatica (è ammessa, per esempio, la frase interrogativa senza inversione del soggetto).

- I modelli che riportiamo nelle pagine seguenti si riferiscono ad un linguaggio standard, usato da persone adulte di cultura media. La corrispondenza tra giovani, invece, richiederebbe un'analisi a parte, perché ignora spesso la grammatica ed accoglie numerose espressioni tipiche del linguaggio colloquiale, familiare e gergale, ricco di esclamazioni, abbreviazioni, parole di moda.

Data —————— *Rennes, le 5 octobre 1993*

Chère Suzanne, —————— **Formula iniziale**

Merci de ta carte. J'espère que tu as fait un bon voyage de retour et que tu n'es pas trop fatiguée.
Mes vacances en Espagne se sont bien terminées et semblent bien lointaines maintenant! Ici tout va bien, je travaille beaucoup et Pierre vient de terminer son stage à Roubaix.
Je t'ai dit que je suis passée voir Danielle à Bordeaux? Elle va très bien, est pleine de projets et t'envoie ses amitiés. Nous avons projeté d'aller en Auvergne l'été prochain: elle a l'intention de louer une grande ferme pendant le mois d'août et d'inviter beaucoup d'amis. Si tu es libre...
Mais j'espère te revoir bien avant. Le TGV arrive maintenant jusqu'à Rennes, et le voyage de Paris ne dure pas trois heures.
Tu pourrais venir passer un week-end chez nous. Le temps est encore très doux et nous avons des journées merveilleuses! Quelle semaine te conviendrait?
Je n'en mets pas plus long, mais j'espère avoir bientôt de tes nouvelles.

Testo

Je t'embrasse —————— **Formula di chiusura**

Firma —————— *Pauline*

Rennes, 5 ottobre 1993

Cara Suzanne,
grazie della tua cartolina. Spero che il tuo rientro sia andato bene e che tu non sia troppo stanca. Le mie vacanze in Spagna sono finite e sembrano lontanissime adesso! Qui va tutto bene. Io lavoro molto e Pierre ha appena finito il suo stage a Roubaix.
Ti ho detto che sono passata a trovare Danielle a Bordeaux? Sta benissimo, è piena di progetti e ti saluta tanto. Abbiamo fatto dei programmi di vacanza per l'estate prossima in Auvergne: lei affitterà una grande fattoria per il mese di agosto e prevede di invitare molti amici. Se sei libera...
Ma spero di rivederti molto prima. Il *TGV* (Treno Super rapido) arriva adesso fino a Rennes e il viaggio da Parigi dura meno di tre ore. Potresti venire a passare un week-end qui da noi. Il tempo è ancora molto bello e abbiamo delle giornate splendide. Quale settimana ti andrebbe bene?
Non insisto, ma spero di avere presto tue notizie.
Bacioni

Pauline

Data

Si colloca in alto a destra e può essere espressa nei seguenti modi:

25 juin 1993
le 25 juin 1993
Tours, le 25 juin 1993

Formula iniziale

Le più comuni, nel caso di rapporti di amicizia o di parentela, sono:

Cher Didier,	**Caro** Didier
Chère Michelle,	**Cara** Michelle,
Ma petite Denise,	**Mia piccola** Denise,
Chers parents,	**Cari genitori,**

Formula di chiusura

Varia secondo i rapporti che esistono tra i due corrispondenti.
I francesi, dotati di molta fantasia, si sono sbizzarriti a inventarne una grande quantità. Le più ricorrenti sono:

- tra giovani

Salut	**Ciao**

- a un amico

Amitiés *(Bien) amicalement* / *Toutes mes amitiés*	**Cari saluti** / **Un caro saluto** / **Salutoni**

- a un amico o parente (è una formula un po' banale e impersonale)

Affectueusement	**Con affetto** / **Un saluto affettuoso**

- a un amico o parente (sono formule più affettuose)

Grosses bises *Bons baisers* *Je vous / t'embrasse*	**Baci** / **Bacioni**
De tout cœur	**Con tutto il cuore**

! Attenzione a non confondersi! Contrariamente a quanto si potrebbe immaginare, il verbo *embrasser* vuol dire **baciare**, mentre **abbracciare** si dice *prendre* / *serrer dans ses bras*.

TELEGRAMMI

- I telegrammi sono utilizzati nel caso di comunicazioni private urgenti o gravi e nei contatti ufficiali con enti pubblici (convocazioni, concorsi).

- Nel mondo degli affari, le comunicazioni urgenti, delle quali è necessario che resti una documentazione, vengono oggi eseguite per mezzo del telex o del fax e non più attraverso telegrammi.

! Il linguaggio dei telegrammi deve essere conciso e sintetico; dato che la tariffa varia secondo il numero delle parole, è consuetudine limitarsi a ciò che è indispensabile alla comprensione del messaggio, tralasciando preposizioni e soggetti. Il punto può essere sostituito dalla parola *stop*.

Diamo qui di seguito alcuni esempi di telegrammi:

ARRIVERAI MERCREDI 13 PAR TRAIN 21 H GARE DU NORD STOP
BAISERS
DELPHINE

ARRIVERÒ MERCOLEDÌ 13 TRENO ORE 21 GARE DU NORD STOP
BACI
DELPHINE

IMPOSSIBLE VENIR DIMANCHE MAMAN MALADE STOP LETTRE SUIT
STOP TOUTES MES EXCUSES
MARC

IMPOSSIBILE VENIRE DOMENICA MAMMA MALATA STOP
SEGUIRÀ LETTERA STOP TANTE SCUSE
MARC

EXAMEN TERMINÉ STOP SUIS OPTIMISTE STOP ARRIVERAI VENDREDI SOIR AMITIÉS
HUGUES

ESAME CONCLUSO STOP SONO OTTIMISTA STOP ARRIVERÒ VENERDÌ
HUGUES

ARGENT TERMINÉ STOP AU SECOURS STOP PRIÈRE ENVOYER URGEMMENT MANDAT BUREAU POSTE MORLAIX STOP MILLE BAISERS MERCI
ARMAND

SOLDI FINITI STOP AIUTO STOP PREGO MANDARMI URGENTEMENTE VAGLIA UFFICIO POSTALE MORLAIX STOP MILLE BACIONI GRAZIE
ARMAND

AVEC VOUS DE TOUT CŒUR. TOUS NOS VŒUX DE BONHEUR AUX HEUREUX MARIÉS
LOUIS ET SIMONE

TUTTI I NOSTRI PIÙ CARI AUGURI AGLI SPOSI
LOUIS E SIMONE

MICHEL NÉ SIX HEURES STOP SUPERBE STOP MAMAN VA TRES BIEN BAISERS
MARCEL ET YVONNE

NATO MICHEL ORE SEI STOP BELLISSIMO STOP MAMMA STA BENISSIMO BACIONI
MARCEL E YVONNE

INVITI

Possono essere formali o informali e variare di conseguenza nel linguaggio e nel tono. La risposta per accettazione o per rifiuto vi si adeguerà.

INVITI FORMALI

- Sono redatti su cartoncino, stampati o scritti a mano (non a macchina!), su biglietti da visita.
- Lo stile è impersonale; l'invito viene spesso formulato alla terza persona, anziché alla prima, e non comporta né saluti, né firma.
- Il testo, posto al centro del cartoncino, comprende:
  - il nome della persona o associazione che porge l'invito
  - l'invito vero e proprio
  - il nome della persona invitata (se l'invito è personale)
  - il giorno, l'ora e il luogo dell'invito
  - l'abbreviazione *R.S.V.P.* (*répondez s'il vous plaît*, **si prega di confermare**), che è ormai entrata nell'uso comune anche in altre lingue.

Monsieur et Madame Gaulois
prient Monsieur et Madame Audibert *de leur faire l'honneur de venir dîner chez eux, le 28 juin à 19 heures.*

R.S.V.P.

Il Signor e la Signora Gaulois
sono onorati di invitare il Signor e la Signora Audibert **ad una cena nella loro casa il** 28 giugno **alle ore** 19.

R.S.V.P.

Brigitte Moulins
recevra ses amis le 14 décembre à partir de 21 heures.
On dansera.
Tenue de soirée *R.S.V.P.*

Brigitte Moulins
invita i suoi amici ad una festa danzante il 14 dicembre **a partire dalle ore** 21.
È gradito l'abito scuro. **R.S.V.P.**

A l'occasion du vernissage de l'éxposition de Pierre Koch nous avons le plaisir de vous inviter au cocktail qui aura lieu mercredi 16 février à 17 heures à la Galerie d'Art Olympia.

Siamo lieti di invitarLa al cocktail che si terrà mercoledì 16 febbraio alle ore 17 **alla** Galleria d'Arte Olympia **per il vernissage di** Pierre Koch.

La Maison Dubuffet prie
Monsieur Paul Picard
de lui faire l'honneur d'assister au cocktail donné à l'occasion de l'inauguration de son nouveau magasin, et qui se tiendra dans ses salons le jeudi 7 mars à 18 heures.

R.S.V.P.

La Ditta Dubuffet **prega**
il Signor Paul Picard
di farle l'onore di partecipare al cocktail d'inaugurazione del nuovo negozio, che si terrà nei suoi locali giovedì 7 marzo **alle ore** 18.

R.S.V.P.

ACCETTAZIONE DELL'INVITO

- Scritta su biglietti da visita o su carta da lettera intestata, è anch'essa impersonale; è redatta alla terza persona e non prevede né saluti né firma.

- Il testo comprende:
  - il nome della persona che scrive
  - il nome della persona o dell'associazione che ha fatto l'invito
  - il ringraziamento
  - l'accettazione dell'invito

Madame Sabine Faure
remercie Madame Nathalie Lapierre de son aimable invitation à laquelle elle se rendra avec plaisir.

La Signora Sabine Faure
ringrazia la Signora Nathalie Lapierre **del Suo cortese invito che accetta con piacere**.

Roger Belfort
présente ses hommages à Madame Muriel Fossart et la remercie de son aimable invitation à laquelle il se rendra avec le plus grand plaisir.

Roger Belfort
presenta i suoi omaggi alla Signora Muriel Fossart **e La ringrazia del Suo cortese invito che accetta con il più grande piacere**.

RIFIUTO DELL'INVITO

- È redatto di preferenza su carta da lettera intestata e ha le stesse caratteristiche dell'accettazione.
- Il testo comprende:
  - il nome della persona che scrive
  - il nome della persona o dell'associazione che ha fatto l'invito
  - il rifiuto dell'invito con la motivazione

M. et Mme Maurice Dulac
sont au regret de ne pouvoir se rendre à votre aimable invitation par suite d'un engagement antérieur et vous prient d'accepter leurs meilleures salutations.

Il Signor e la Signora Dulac
sono spiacenti di non poter accettare il cortese invito della Signora Lenôtre **a causa di un precedente impegno e porgono i loro più distinti saluti.**

Alfred Martin
remercie le directeur du Lyons Club de Reims de son aimable invitation au thé dansant du mardi 30 juin auquel il ne pourra malheureusement pas se rendre, devant le même jour partir pour Londres.

Alfred Martin
ringrazia il Direttore del Lyons Club di Reims **del Suo cortese invito al thè danzante di** martedì 30 giugno, **al quale purtroppo non potrà recarsi, dovendo partire quello stesso giorno per** Londra.

INVITI INFORMALI

- Sono scritti a mano o a macchina con uno stile più personale, alla prima persona singolare o plurale, e prevedono il testo e la firma.
- Il testo comprende:
  - la formula iniziale
  - l'invito vero e proprio
  - il luogo, il giorno e l'ora dell'invito
  - la formula di chiusura

Chère Monique,
Nous comptons sur toi pour l'anniversaire d'Alain, le 14 juillet prochain. Tu viendras?
Bien amicalement

Corinne

Cara Monique,
sei invitata alla festa per il compleanno di Alain **il** 14 luglio **prossimo. Verrai?**
Salutoni.

Corinne

Mon cher François,
A l'occasion du week-end du 1er mai nous pensons inviter quelques amis dans notre maison de Chevrel.
Veux-tu nous faire le plaisir de venir avec les enfants?
Ce sera sans façon et nous serons heureux de vous revoir.
Avec nos affectueuses pensées

Marie-Louise

Caro François,
pensiamo di invitare alcuni amici nella casa di Chevrel **per il week-end** del 1° maggio. **Ci faresti molto piacere se venissi con i bambini.** Sarà una cosa alla buona e saremo felici di rivedervi.
Con affetto

Marie-Louise

Chers amis,
Nous réunissons quelques amis dimanche prochain à déjeuner vers une heure. Vous nous feriez plaisir en étant des nôtres et cela vous permettrait de rencontrer notre voisin, monsieur Fugger, dont je vous avais parlé au sujet de notre voyage au Mali.
Cordialement

Léon

Cari amici,
abbiamo invitato a pranzo alcuni amici domenica **prossima verso** l'una. **Ci farebbe piacere che foste dei nostri.** Potreste anche incontrare il Signor Fugger, nostro vicino, di cui Vi avevo parlato a proposito del nostro viaggio nel Mali.
Cordialmente.

Léon

ACCETTAZIONE DELL'INVITO

- Ha le stesse caratteristiche della lettera d'invito.
- Il testo comprende:
  - la formula iniziale
  - l'accettazione dell'invito
  - il ringraziamento
  - la formula di chiusura

Cher Monsieur,
Je suis très heureux d'accepter votre aimable invitation. Je serai chez vous à l'heure dite.
Acceptez mes remerciements et l'assurance de mes sentiments les meilleurs.

Bertrand Lévy

Caro Signore,
sono molto lieto di accettare il Suo cortese invito. Sarò da Lei all'ora indicata.
La ringrazio e La saluto cordialmente.

Bertrand Lévy

Mon cher ami,
C'est bien volontiers que je serai chez vous le mardi 20 à 12 heures. Vous avez là une excellente idée et je vous en remercie. La perspective de vous revoir et de rencontrer le proviseur m'enchante.
Acceptez mes cordiales salutations

Philippe

Caro amico,
verrò volentieri da voi martedì 20 **alle** 12. È un'idea eccellente e **vi ringrazio**. La prospettiva di rivedervi e di incontrare il preside mi entusiasma.
Cordiali saluti.

Philippe

D'accord, ma chère Laure, j'y serai. Et avec mon fameux Beaujolais. Merci.
Amitiés

Armand

D'accordo, cara Laure, **ci sarò.** E con il mio famoso Beaujolais. **Grazie**.
Salutoni.

Armand

RIFIUTO DELL'INVITO

- Ha le stesse caratteristiche della lettera di accettazione.
- Il testo comprende:
  - la formula iniziale
  - il ringraziamento per l'invito
  - il rifiuto con la motivazione
  - la formula di chiusura

Chère Madame,
J'aurais été très heureuse de me rendre à votre aimable invitation, mais il se trouve que la nièce de mon mari, qui vit aux Etats-Unis, arrive en France samedi et nous a annoncé sa visite pour dimanche. Vous comprendrez qu'il ne nous est pas possible de partir.
Avec tous mes regrets, je vous assure de mon amical souvenir

Jacqueline Moreau

Cara Signora,
sarei stata lietissima di accettare il Suo invito, ma purtroppo c'è un contrattempo. La nipote di mio marito, che vive negli Stati Uniti, arriva in Francia sabato e ci ha annunciato la sua visita per domenica. Come può immaginare, non ci è possibile partire.
Mi rincresce moltissimo.
Cordiali saluti.

Jacqueline Moreau

Cher Cyril, chère Isabelle,
Nous sommes désolés. Nous avons beaucoup apprécié votre invitation. Malheureusement Michel vient d'apprendre qu'il sera de garde à l'hôpital samedi soir. Cas de force majeur!
Ce sera pour la prochaine fois. Dommage!
Amitiés

Aline

Cari Cyril e Isabelle,
siamo spiacentissimi. Il vostro invito era così carino e ci faceva molto piacere, ma Michel **ha appena saputo che sarà di servizio** all'ospedale sabato sera. Impossibile mancare.
Sarà per la prossima volta. Peccato!
Cari saluti.

Aline

TERMINI UTILI

abito da sera/abito scuro	*tenue de soirée*
accettare	*accepter*
alla buona/senza complimenti	*sans façons*
cenare	*dîner*
il cocktail	*le cocktail*
il compleanno	*anniversaire*
il contrattempo	*le contretemps*
cortese	*aimable*
fare l'onore	*faire l'honneur*
l'impegno	*l'engagement*
l'inaugurazione	*l'inauguration*
invitare	*inviter*
l'invito	*l'invitation*
il pranzo	*le déjeuner*
precedente	*antérieur*
presentare i propri omaggi	*présenter ses hommages*
purtroppo	*malheureusement*
recarsi	*se rendre*
ricevere	*recevoir*
spiacente	*désolé*
il tè danzante	*le thè dansant*

CONGRATULAZIONI

- Si inviano in varie occasioni. Le più frequenti sono:
  - matrimonio
  - nascita di un figlio
  - promozione professionale
- Il testo può essere scritto su un biglietto da visita o su carta libera e prevede:
  - la formula iniziale
  - le congratulazioni in un linguaggio più o meno formale
  - la formula di chiusura
- Nel caso di matrimoni, si inviano spesso per telegramma.

MATRIMONIO

M. et Mme Riquet
adressent à M. et Mme Joly *leurs félicitations à l'occasion du mariage de leur fille* Danielle *et leurs meilleurs vœux de bonheur aux jeunes époux.*

Il Signor e la Signora Riquet
inviano al Signor e alla Signora Joly **le loro più vive felicitazioni per il matrimonio della loro figlia** Danielle. **Formulano i loro più sinceri auguri di felicità per i giovani sposi.**

Mon cher Marc,
C'est avec une grande joie que j'ai appris la nouvelle de ton mariage. Je tiens à te dire ici tous les vœux bien sincères que je forme pour ton bonheur et celui

de la charmante Louise, à laquelle je te prie de transmettre mes hommages et mes félicitations. De tout cœur avec vous.

Lucien

Caro Marco,
è con immensa gioia che ho saputo del tuo matrimonio. **Ti invio i miei più sinceri auguri di ogni felicità per te e per** la splendida Louise e ti prego di trasmetterle i miei omaggi e le mie congratulazioni.
Affettuosamente vostro.

Lucien

NASCITA DI UN FIGLIO

Madame Christiane Tarragon
vous adresse ses plus sincères félicitations à l'occasion de la naissance d'Emmanuelle

La Signora Christiane Tarragon
vi invia le sue più sincere congratulazioni per la nascita di Emmanuelle.

Mon cher ami,
Nous avons été très heureux, ma femme et moi, d'apprendre la naissance de la petite Lisette. Permettez-moi, en cette heureuse circonstance, d'adresser nos plus sincères et chaleureuses félicitations au couple uni que vous formez tous les deux. Que cet enfant vous comble de bonheur! Toutes nos amitiés.

Richard

Caro amico,
siamo stati molto felici, mia moglie ed io, di sapere della nascita della piccola Lisette. **Permettetemi, in questa lieta occasione, di inviare le nostre più sincere e calorose felicitazioni** alla coppia unita che formate. Che questo bambino vi colmi di felicità!
Un saluto affettuoso.

Richard

Chère Marie-Claude,
Toi, maman! C'est magnifique! Je peux imaginer votre bonheur et j'espère pouvoir passer vous voir pour admirer les heureux parents et le bébé!
Je t'embrasse.

Florence

Cara Marie-Claude,
tu, mamma! **È fantastico**! Posso immaginare la vostra felicità e spero di poter passare a trovarvi, per ammirare i genitori raggianti e il bambino!
Bacioni.

Florence

PROMOZIONE PROFESSIONALE

Cher Monsieur,
C'est avec un grand plaisir que j'apprends votre nomination au poste d'inspecteur général. Cette promotion n'est que la juste récompense de vos mérites professionnels.
Veuillez agréer, avec mes plus vives félicitations, l'expression de mes sentiments distingués.

Jean Sonier

Caro Signore,
è stato per me un piacere sapere della Sua nomina a ispettore generale, che è semplicemente il giusto riconoscimento dei Suoi meriti professionali.
Mi permetta di esprimerLe le mie più vive congratulazioni.
Distinti saluti.

Jean Sonier

Mon cher André,
Te voilà maintenant promu à un poste digne de toi.
Tous mes compliments et mes félicitations pour cette réussite et tous mes vœux pour cette nouvelle étape dans ta brillante carrière.
Bravo encore!

Michel

Caro André,
eccoti finalmente promosso ad un posto degno di te. **Ti faccio di cuore le mie congratulazioni per questo avanzamento e tutti i miei auguri per questa nuova tappa della tua brillante carriera.**
Ancora bravo!

Michel

TERMINI UTILI

gli auguri	*les vœux*
caloroso	*chaleureux*
le congratulazioni/ felicitazioni	*les félicitations*
formulare	*former*
inviarc	*adresser*
il matrimonio	*le mariage*
i meriti professionali	*les mérites professionnels*
la nascita	*la naissance*
il neonato	*le bébé*
la promozione	*la promotion*
gli sposi	*les époux*

AUGURI

- L'uso dei biglietti d'auguri prestampati è diffuso; tuttavia per riuscire più personali si usa aggiungere qualche parola sul biglietto, o meglio, scriverlo interamente a mano.
- Le occasioni più comuni per inviare auguri sono:
  - compleanno
  - Natale e Capodanno

COMPLEANNO

Mon cher oncle,
Je vous souhaite un heureux anniversaire. Et que l'année qui s'annonce vous apporte santé, réussite et de nombreuses satisfactions.
Affectueusement

Odette

Caro zio,
ti auguro un felice compleanno. E che l'anno che inizia sia pieno di salute, successo e soddisfazioni.
Con affetto

Odette

Un an de plus! Félicitations et tous mes meilleurs vœux

Claude

Un anno in più! **Complimenti e tantissimi auguri.**

Claude

NATALE E CAPODANNO

Permettez-moi de vous présenter, ainsi qu'à votre famille, tous mes vœux de santé et de prospérité pour la Nouvelle Année.

Marcel Roisson

Porgo a Lei e famiglia i miei migliori auguri di salute e prosperità per il Nuovo Anno.

Marcel Roisson

Chers amis,
Tous nos vœux de Joyeux Noël et Bonne Année!
Soyez heureux!

Anne et Xavier

Cari amici,
i nostri migliori auguri di Buon Natale e Buon Anno!
Siate felici!

Anne e Xavier

TERMINI UTILI

l'Anno Nuovo	*la Nouvelle Année*
augurare	*souhaiter*
auguri	*les vœux*
il compleanno	*l'anniversaire*
Natale	*Noël*
la prosperità	*la prospérité*
la salute	*la santé*

RINGRAZIAMENTI

- Lettere o biglietti di ringraziamento si possono inviare in diverse occasioni. Le più comuni sono:
  - regali ricevuti
  - ospitalità ricevuta
- Il testo, che può essere molto vario, comprende generalmente:
  - il riferimento al regalo o all'ospitalità
  - il ringraziamento vero e proprio

REGALI

Chère Madame,
Je vous remercie de tout cœur pour le magnifique cadeau que vous avez eu la gentillesse de nous envoyer.
Mon mari se joint à moi pour vous présenter, avec ses hommages, nos meilleurs vœux de bonne et heureuse année.

Clémence Plaisant

Cara Signora,
la ringrazio di tutto cuore per il magnifico regalo che ha avuto la gentilezza di mandarci.
Mio marito si unisce a me per inviarLe i suoi omaggi insieme ai nostri migliori auguri di buon anno.

Clémence Plaisant

Cher Georges,
un grand merci pour ton cadeau magnifique. Tu connais mes goûts et tu savais que rien ne me ferait plus plaisir. Il me plaît énormément!
Je t'embrasse

Martine

Caro Georges,
mille volte grazie per il regalo bellissimo. Conosci i miei gusti e sapevi che niente mi avrebbe fatto più piacere. **Mi piace tantissimo!**
Bacioni.

Martine

OSPITALITÀ

Chère Madame,
Nous voici de retour, encore sous le charme du merveilleux séjour que nous avons fait chez vous.
Comme votre maison est accueillante!
Nous voulons vous remercier de tout notre cœur de votre hospitalité pour ces trois jours, parfaits qui resteront pour nous un souvenir inoubliable.
Bien sincèrement

Mireille Massiet

Cara Signora,
eccoci tornati a casa ancora stupefatti dal meraviglioso soggiorno presso di voi. **Com'è accogliente la vostra casa!**
Vogliamo ringraziarvi di tutto cuore per questi tre giorni, durante i quali siete stati degli ospiti perfetti e che resteranno per noi un magnifico ricordo.
Cordialmente.

Mireille Massiet

Chère Marie, cher Alexandre,
Comment vous dire le plaisir que nous ont donné ces quelques jours?
Nous avons passé en votre compagnie de merveilleux moments.
Soyez-en remerciés mille fois.
Nous vous embrassons

Catherine et Henri

Cari Marie e Alexandre,
come esprimere il piacere di questi pochi giorni?
Abbiamo passato in vostra compagnia dei momenti meravigliosi.
Vi ringraziamo mille volte.
Affettuosamente.

Catherine e Henri

TERMINI UTILI

accogliente	*accueillant*
l'accoglienza	*l'accueil (m.)*
la buona tavola/la cucina	*la table*
fare piacere	*faire plaisir*
la gentilezza	*la gentillesse*
l'ospite	*l'hôte*
piacere	*plaire*
presentare	*présenter*
il regalo	*le cadeau*
ringraziare	*remercier*
il soggiorno	*le séjour*

CONDOGLIANZE

- Possono essere scritte su un biglietto da visita, se sono di tono formale; se sono più personali, su un biglietto bianco. Si ricorre spesso anche al telegramma.
- Il testo comprende:
  - il riferimento alla notizia della morte
  - l'espressione della propria partecipazione al dolore

Monsieur et Madame Féron
s'associent de tout cœur à l'épreuve qui afflige Monsieur Courtin *et lui adressent leurs sincères condoléances*

Il Signor e la Signora Féron,
si uniscono di tutto cuore al dolore del Signor Courtin **e gli inviano le loro più sentite condoglianze.**

Chère Madame,
Frappé par la douloureuse nouvelle, je vous prie d'accepter mes sentiments de sympathie attristée dans la cruelle épreuve qui vous est imposée et vous présente mes sincères condoléances

Etienne Lagrevol

Cara Signora,
colpito dalla triste notizia, La prego di accettare i sensi della mia più profonda simpatia nella crudele prova che Le viene imposta.
La prego di accettare le mie più sincere condoglianze.

Etienne Lagrevol

Chère Eve,
La triste nouvelle vient de me parvenir.
Les mots, en de telles circonstances, sont impuissants à exprimer la peine et l'amitié. Je voudrais, pourtant, que tu saches la part que je prends è ton malheur.
N'hésite pas à faire appel au vieil ami que je suis
Paul

Cara Eve,
ho appena ricevuto la triste notizia.
Le parole, in queste circostanze, non riescono ad esprimere la pena e l'amicizia. **Vorrei**, comunque, **che tu sapessi quanto ti sono vicino nel tuo dolore.**
Se c'è qualcosa che posso fare, non esitare a chiamarmi.
il tuo amico Paul

TERMINI UTILI

le condoglianze	*les condoléances*
crudele	*cruel*
il dolore	*la peine*
doloroso	*douloureux*
inviare	*adresser/présenter*
la morte	*la mort*
la notizia	*la nouvelle*
partecipare	*prendre part*
la prova	*l'épreuve*
la sofferenza	*le malheur*
triste	*triste*

LETTERE D'AMORE

- Scritte a mano, sono il risultato della fantasia, della sensibilità e dell'ispirazione di chi le scrive.
- Le formule iniziali più comuni sono:

Chéri,	**Caro,**
Mon chéri,	**Mio caro/mio tesoro,**
Ma chérie,	**Mia cara/mia adorata,**
Mon amour,	**Amore mio,**
Françoise chérie,	**Cara** Françoise,
Mon petit chou,	**Tesoro,**

- Le formule di chiusura più ricorrenti sono le più affettuose tra quelle che si usano anche tra parenti o amici:

Grosses bises,	**Baci/bacioni,**
Gros bisous,	**Baci/bacioni,**
Je t'embrasse,	**Un bacio,**
Je t'embrasse très fort,	**Ti abbraccio affettuosamente,**

- Altre, ancora, sono riservate alla corrispondenza tra innamorati:

Tendrement,	**Con tenerezza,**
Avec toute ma tendresse,	**Con tutta la mia tenerezza,**
(Tout) à toi,	**Tuo/tua per sempre,**
Je te serre dans mes bras,	**Ti abbraccio,**
Je t'embrasse passionnément	**Ti bacio appassionatamente,**
Je t'aime,	**Ti amo,**

Ma chère Béatrice,
Mais pourquoi n'ai-je pas parlé avant de quitter Toulouse? Aujourd'hui je connaîtrais mon sort et je ne vivrais pas dans cette angoisse qui m'étreint.
Je croyais alors que je saurais être plus éloquent par

lettre et mieux défendre mon bonheur. Mon bonheur... tu le sais bien, c'est toi, tu le sens, c'est toi. Je ne peux plus me taire, je t'aime et je ne peux pas imaginer de vivre sans toi, Béatrice.
Ouvre-moi ton cœur!
D'un mot, tu peux me porter au septième ciel ou me précipiter au fond des plus noirs abîmes.
J'attends. Je ne dors plus, je ne vis plus.
J'attends.
Tout à toi

Philippe

Mia cara Béatrice,
ma perché non ho parlato prima di partire da Tolosa? Adesso conoscerei il mio destino e non vivrei in questa angoscia che mi opprime.
Allora credevo che avrei saputo essere più eloquente e che avrei difeso meglio la mia felicità con una lettera.
La mia felicità... lo sai, sei tu, lo senti, sei tu. Non posso più tacere, ti amo, non riesco a immaginare di vivere senza di te, Béatrice.
Aprimi il tuo cuore!
Con una parola puoi portarmi al settimo cielo o precipitarmi in fondo agli abissi più neri.
Aspetto. Non dormo più, non vivo più.
Aspetto.
Per sempre tuo.

Philippe

Ma chère Agnès,
Devant toi je deviens timide comme un collégien, même si j'essaie de faire de l'esprit et de plaisanter. Chaque fois je me dis: aujourd'hui, tu vas parler, il faut lui parler. Et puis je n'ose pas. Alors je confie mon secret à ce papier. Agnès, je t'aime. Ne soyons plus de simples camarades. Ton sourire, ton charme m'enchantent. J'ai envie d'être avec toi, de partager tes goûts, de vivre ta vie avec toi.
Agnès, réponds-moi vite.
A toi

Adrien

Cara Agnès,
davanti a te divento timido come un ragazzino, malgrado il mio spirito e le mie battute. E ogni volta mi dico: oggi le parlerai, devi parlarle. E poi non oso. Allora affido il mio segreto a questo foglio. Agnès, **ti amo. Non restiamo semplicemente amici.** Il tuo sorriso, il tuo fascino mi hanno incantato. **Ho voglia di stare con te, di condividere i tuoi gusti, di vivere la tua vita con te.**
Agnès, rispondimi subito.

Il tuo Adrien

Mon amour,
Je ne pense qu'à toi. Je fais ma toilette et je pense à toi, je prends l'autobus et tu es là, j'entre en classe et je te vois. Je te vois partout et tu es tout le temps avec moi. Et les autres n'en savent rien. Je suis là, mais je ne suis pas là. C'est mon doux secret. Tu es mon doux secret.

Ta puce qui t'adore.

Amore mio,
penso sempre a te. Mi lavo e penso a te, prendo l'autobus e tu sei lì, entro in classe e ti vedo. **Ti vedo dappertutto e sei sempre con me.** E gli altri non sanno niente. Io sono lì, ma non ci sono. **È il mio dolce segreto. Tu sei il mio dolce segreto.**

La tua micina che ti adora.

Chérie,
Tu me manques. Ici il fait beau, les gens s'amusent. Mais il pleut dans mon cœur, je m'ennuie, je suis seul, je n'ai envie de rien. Je n'ai envie que de toi, de te serrer dans mes bras, de te répéter que je t'aime. Je compte les jours qui nous séparent encore.
Je t'embrasse très fort

Pascal

Tesoro,
mi manchi. Qui il tempo è bello, tutto si divertono. Ma piove nel mio cuore, mi annoio, sono solo, non ho

voglia di niente. **Ho voglia solo di te, di stringerti tra le braccia, di ripeterti che ti amo. Conto i giorni che ci separano ancora.**
Ti bacio appassionatamente.

Pascal

Mon chéri,
Juste un mot pour te dire que *je suis la plus heureuse des femmes. Je t'aime et je suis aimée de toi.* Je ne peux désirer rien d'autre. *La vie est belle et elle nous appartient.*
Avec toute ma tendresse

Denise

Caro,
solo due righe per dirti che **sono la più felice delle donne**. **Ti amo e tu mi ami**. Non posso desiderare nient'altro. **La vita è bella e ci appartiene.**
Con tutta la mia tenerezza.

Denise

Mon petit chou,
Je ne sais pas ce qui m'arrive. Je ne sais plus où je suis, qui je suis. Je pense à toi le jour, je rêve de toi la nuit. Je suis fou de toi, de la plus adorable, belle, charmante, douce, fille qui existe.
Je t'aime

Vincent

Amore,
non so che cosa mi sta succedendo. Non so più dove sono, non so più chi sono. **Ti penso di giorno, ti sogno di notte**. **Sono pazzo di te**, della più adorabile, bella, cara, dolce ragazza che esista.
Ti amo.

Vincent

Per concludere, riportiamo alcuni brani di lettere d'amore scritte da due personaggi celebri che siamo abituati a vedere sotto diversa luce: Napoleone Bonaparte e Victor Hugo. Li scopriamo qui innamorati e quasi commoventi nel manifestare con tenerezza o con passione il loro sentimento.

Lettera scritta da Napoleone, allora Generale Bonaparte, in partenza per la Campagna d'Italia, a Giuseppina, che aveva sposato tre settimane prima.

Nice, 10 germinal an IV
(31 mars 1796)

Je n'ai pas passé trois jours sans t'aimer. Je n'ai pas passé un jour sans te serrer dans mes bras; je n'ai pas pris une tasse de thé sans maudire la gloire et l'ambition qui me tiennent éloigné de l'âme de ma vie. Au milieu des affaires, à la tête des troupes, en parcourant les camps, mon adorable Joséphine est seule dans mon cœur, occupe mon esprit, absorbe ma pensée. Si je m'éloigne de toi avec la vitesse du torrent Rhône, c'est pour te revoir plus vite. Si, au milieu de la nuit, je me lève pour travailler, c'est que cela peut avancer de quelques jours l'arrivée de ma douce amie, et cependant, dans ta lettre du 23, du 26 ventôse, tu me traites de vous. Vous toi-même! Oh! mauvaise, comment as-tu pu écrire cette lettre? Qu'elle est froide! Et puis, du 23 au 26, restent quatre jours; qu'as-tu fait, puisque tu n'as pas écrit à ton mari?... Vous! Vous! ah! que sera-ce dans quinze jours? Mon âme est triste; mon cœur est esclave, et mon imagination m'effraie... Tu m'aimes moins, tu seras consolée; un jour tu ne m'aimeras plus... Adieu, femme, tourment, bonheur, espérance et âme de ma vie, que je crains, qui m'inspire des sentiments tendres qui m'appellent à la nature, et des mouvements impétueux aussi volcaniques que le tonnerre!

Bonaparte

Nizza, 10 germinale anno IV
(31 marzo 1796)

Non ho passato un giorno senza amarti. Non ho passato un giorno senza stringerti tra le braccia: non ho preso una tazza di tè senza maledire la gloria e l'ambizione che mi tengono lontano dall'anima della mia vita. In mezzo ai problemi, al comando delle truppe, attraversando gli accampamenti, la mia adorata Giuseppina è sola nel mio cuore, occupa il mio spirito, assorbe i miei pensieri. Se mi allontano da te con la velocità del fiume Rodano, è per rivederti più presto. Se, nel cuore della notte, mi alzo per lavorare, è perché ciò può anticipare di qualche giorno l'arrivo della mia dolce amica, eppure, nella tua lettera del 23, del 26 ventoso, mi dai del voi. Voi, proprio da te! Oh! malvagia, come hai potuto scrivere quella lettera? Com'è fredda! E poi, dal 23 al 26 ci sono quattro giorni; che cos'hai fatto, se non hai scritto a tuo marito?... Voi! Voi! ah! che cosa succederà tra quindici giorni? La mia anima è triste; il mio cuore è schiavo, e la mia immaginazione mi spaventa... Mi ami meno, ti consolerai; un giorno, non mi amerai più...

Addio, donna, tormento, felicità, speranza e anima della mia vita, che amo, che temo, che mi ispira sentimenti teneri che mi chiamano alla natura e impulsi impetuosi e vulcanici come il tuono!

Bonaparte

Lettera scritta a cinquantaquattro anni da Victor Hugo alla sua amica di sempre, Juliette Drouet, dopo trentun anni d'amore.

17 février 1856

Quand j'écris à cette date, je laisse aller ma pensée devant moi; je laisse faire ma plume; je sais bien qu'elle ne peut rien tirer de mon souvenir qui ne soit toi, et de mon espérance qui ne soit toi. Toute mon âme se fond en amour. Que je regarde en avant ou en arrière, je te vois, étoile! Tu brilles sur ma jeunesse qui est passée; tu rayonnes sur ma tombe qui est ouverte.

Victor

17 febbraio 1856
Quando scrivo in questo giorno, lascio andare il mio pensiero davanti a me; lascio correre la mia penna; so bene che non può trovare nei miei ricordi niente che non sia tu e nella mia speranza niente che non sia tu. Tutta la mia anima diventa amore. Che io guardi in avanti o all'indietro, vedo te, stella! Tu brilli sulla mia giovinezza che è passata; risplendi sulla mia tomba che è aperta.

Victor

Semplice biglietto di Victor Hugo a Juliette.

1er janvier 1857
Cette lettre n'est pas une lettre; ce n'est qu'un mot; mais ce mot, tout court qu'il est, mon doux ange, renferme un baiser long comme la vie et un amour long comme l'éternité.

Victor

1° gennaio 1857
Questa lettera non è una lettera; è solo una parola; ma questa parola, per quanto breve, mio dolce angelo, racchiude un bacio lungo come la vita e un amore lungo come l'eternità.

Victor

TERMINI UTILI

abbracciare	*serrer dans ses bras*
adorata	*adorable*
affascinante	*charmant*
amare	*aimer*
l'amore	*l'amour*
baciare	*embrasser*
il bacio	*le baiser*
il cuore	*le cœur*
dolce	*doux*
essere pazzo di	*être fou de*
il fascino	*le charme*
incantare	*enchanter*
mancare	*manquer*
sognare	*rêver*
solo	*seul*
la tenerezza	*la tendresse*
timido	*timide*

INDICE GENERALE